Dirk Eberz

Alltag im Westerwald

Dirk Eberz

Alltag im
WESTERWALD

Zwischen Kaiserzeit und Wirtschaftswunder

Der Autor

Dirk Eberz, 1972 in Hachenburg geboren, wuchs in Meudt auf und besuchte das Mons-Tabor-Gymnasium Montabaur, an dem er auch das Abitur ablegte. Nach der Wehrdienstzeit immatrikulierte er sich an der Universität Trier für ein Magisterstudium in den Fächern Geschichte, Politikwissenschaft sowie Anglistik. Mit dem Wechsel zur Universität Koblenz 1996 trat noch der entsprechende Studiengang für das Lehramt an Realschulen hinzu. Darüber hinaus sammelte der Autor Auslandserfahrungen während eines Gastsemesters an der University of Port Elizabeth (Südafrika). Die akademische Ausbildung ergänzten ein Praktikum bei der »Koblenzer Rheinzeitung«, an das sich eine dreijährige Tätigkeit als freier Mitarbeiter anschloß, sowie eine Hospitanz in der von Guido Knopp geleiteten Redaktion für Zeitgeschichte des ZDF.

Impressum
Sutton Verlag GmbH
Hochheimer Straße 59
99094 Erfurt
www.suttonverlag.de

Copyright © Sutton Verlag, 2000
ISBN: 978-3-89702-207-2
Druck: Florjančič Tisk d.o.o. / Slowenien

Inhaltsverzeichnis

Vorwort	7
Kaiser, Krieg und Inflation	9
Landleben	19
Kindheitserinnerungen	33
Schulzeit	45
Pfarrer, Zentrum und Vereinshaus	55
Freizeit und Sport	61
Arbeitswelt	71
Der Westerwald unterm Hakenkreuz	81
Kriegszeit	95
Zwischen Hamstern und Neuanfang	109
Kurzbiographien der Zeitzeugen	125
Literaturauswahl	128

Vorwort

Als idyllisch verklärte Waldlandschaft, in der der Wind sprichwörtlich kalt pfeift: So kennt man den Westerwald außerhalb seiner Grenzen – ein Bild, das deutsche Soldaten in Form ihres berühmten Marschliedes nach ganz Europa trugen. Andererseits mußte das Mittelgebirge zwischen Rhein, Sieg, Lahn und Dill ob seiner wirtschaftlichen Rückständigkeit unter Spöttern auch schon einmal als »Sibirien von Hessen-Nassau« herhalten. Tatsächlich kann man den Eindruck gewinnen, daß der rasante technologische Fortschritt der ersten Hälfte des 20. Jahrhunderts fast ganz an der Region vorbeigegangen ist. Vielmehr konnte der Westerwald seine alten landwirtschaftlichen und kulturellen Traditionen teilweise bis in die Gegenwart hinein konservieren. Mühsame Feldarbeit, Armut und die dominante Rolle der katholischen Kirche prägten seine Bewohner – einen arbeitsamen und bescheidenen Menschenschlag. Was den »modernen Menschen« des Internet-Zeitalters am meisten verwundern dürfte, ist die Tatsache, daß kaum einer der von mir befragten Zeitzeugen mit dem hektischen Alltag von heute tauschen möchte. »Man war es halt nicht anders gewohnt und hat deshalb das Beste daraus gemacht«, lautet überwiegend der Tenor der Interviewpartner. Es sind eben oft die kleinen, die alltäglichen Dinge des früheren Lebens, von denen in diesem Buch die Rede ist – beengte Wohnverhältnisse, jüdische Viehhändler oder ausgelassene Trinkgelage zur Kirmes. Natürlich blieb auch der Westerwald nicht gänzlich von den »großen« geschichtlichen Ereignissen verschont. Kriege, Inflation und Nationalsozialismus hinterließen auch hier ihre Spuren. Während man davon sonst nur in abstrakter Form in Schulbüchern erfährt, erhält der Leser hier durch die zum Teil erschütternden und makabren, aber auch ironischen Berichte der Zeitzeugen einen neuen, unmittelbareren Bezug zur Vergangenheit.

Inhaltlich beruht das Buch einzig und allein auf den Erzählungen von 16 befragten Zeitzeugen der Geburtsjahrgänge 1906-1925. Folglich wird weder der Anspruch strenger Wissenschaftlichkeit erhoben, noch handelt es sich um eine umfassende Geschichte des Westerwaldes, die in einem Buch diesen Umfangs auch gar nicht zu leisten wäre. Der Reiz der Erzählten Geschichte ergibt sich vielmehr ganz bewußt aus der Subjektivität der individuellen Erlebnisse zwischen frühester Kindheit und dem Beginn der fünfziger Jahre. Geographisch beschränkt sich der Herkunftsort der Zeitzeugen dabei auf den heutigen Westerwaldkreis. Dem Versuch, möglichst einen repräsentativen Querschnitt der Bevölkerung zu Wort kommen zu lassen, wurde schon allein durch die Wahl des zeitlichen Rahmens natürliche Grenzen gesetzt. Leider verschwindet die Generation der Geburtsjahrgänge vor 1925 zunehmend und mit ihr auch das Wissen um eine Zeit, die der Gegenwart so kontrastiv gegenübersteht. Ein Grund mehr, diese unverwechselbaren Lebenserinnerungen zu einem Lesebuch zu verdichten, in dem ein Stück Kulturgeschichte des Westerwaldes zutage tritt.

Dank

Mein besonderer Dank gilt den Zeitzeugen, die sich für Interviews und Gespräche zur Verfügung stellten und mir ihre Fotografien, Familienalben und persönlichen Dokumente überließen. Sie werden jeweils mehrfach namentlich in diesem Buch erwähnt. Darüber hinaus möchte ich mich an dieser Stelle auch für die rege Unterstützung und wertvollen Anregungen bedanken, die mir von meinen Eltern Irene und Hans Eberz und einer Reihe von Meudter Bürgern zuteil wurden. Schließlich sei noch Diana Mies für ihre Mithilfe beim Redigieren sowie Martin Döring für sorgfältiges Lektorieren und Karin Falkenberg für die anfängliche Betreuung des Projekts seitens des Sutton Verlags gedankt.

Dirk Eberz
Februar 2000

Kaiser, Krieg und Inflation

Nur wenige der Befragten haben die Zeit noch bewußt miterlebt, in der das Portrait Kaiser Wilhelms II. in den Klassenzimmern wachte, sich Europa begeistert in den Ersten Weltkrieg stürzte und später, während der großen Inflation 1923, Milliarden-Mark-Scheine kursierten. Oftmals sind es traurige Kindheitserinnerungen, die sich für die Zeitzeugen mit jenen Jahren verbinden. Kriegsverlauf und Politik spielen dabei nur eine untergeordnete Rolle. Geschildert werden vielmehr die direkten Auswirkungen der »großen« Ereignisse aus der damaligen Kinderperspektive. Beten für den eingezogenen Vater, Entfremdung, Konfrontation mit Kriegsgefangenen und bittere Armut sind die Themen dieser Zeit. Prägende Erlebnisse, vor deren Hintergrund sich heutigen, alltäglichen Problemen gelassener entgegensehen läßt.

Feldpostkarten boten den Soldaten meist die einzige Möglichkeit, mit ihren Familien in Kontakt zu bleiben.

Nikolaus Neuroth (in der vorderen Reihe als zweiter von links) sandte 1917 diese Weihnachtsgrüße von der Westfront.

Als am 1. August 1914 der Krieg begann, mußte sich mein Vater sofort in Lahnstein melden. Nachher wurde gesagt, daß er trotz seiner 38 Jahre als erster im Dorf eingezogen worden war. Ich kann mich noch genau daran erinnern, daß er gerade auf dem Feld war, um die Frucht zu ernten, als die Einberufung per Post bei uns eintraf. Ich habe die gelbe Kutsche mit dem kleinen Pferdchen noch genau vor Augen. Von Kriegsbegeisterung war, zumindest bei meinem Vater, nichts zu spüren. Zu der Zeit waren wir Kinder, das heißt meine beiden Schwestern und ich, noch sehr klein. Auch wenn uns die Gefahr noch nicht ganz bewußt war, haben wir doch jeden Abend für meinen Vater gebetet.
*Anna Mies, Hausfrau,
Jahrgang 1909*

Zu Kriegsbeginn, also im August 1914, hatten alle großen Spaß. Alle glaubten, daß der Krieg spätestens an Weihnachten zu Ende sein würde. Ich kann mich gut daran erinnern, wie damals die ganzen Regimenter mit den vielen Pferden durchs Dorf zogen. Das war schon beeindruckend. Für uns als Kinder war das etwas ganz Neues, und wir waren einfach unglaublich neugierig. Ich war zu der Zeit ja bereits acht Jahre alt. Die Güterzüge fuhren alle direkt an unserem Haus vorbei. Sie gingen allesamt an die Front, wie man mir sagte. In Montabaur befand sich ein Sammellager für den Westerwald, und von dort wurden die Soldaten auch abtransportiert. Mein Vater, der als Bahnbeamter nicht in den Krieg mußte, war allerdings nicht sonderlich begeistert davon.

Unser verhaßter Lehrer mußte zum Glück direkt zu Kriegsbeginn fort, so daß wir in der Folge kaum noch Unterricht hatten.
Ludwig Hammer, Drechsler, Jahrgang 1906

Mein Vater arbeitete im E-Werk für ganze 35 Pfennig Stundenlohn. Deshalb ist meine Mutter ebenfalls arbeiten gegangen. Sie war es auch, die das Grundstück in Wirges für 1.850 Goldmark gekauft hat, auf dem ich jetzt wohne. Das war 14 Tage vor dem Ersten Weltkrieg. Für den Hausbau mußten wir später Geld aufnehmen. Die Zinsen dafür wurden immer Ende des Jahres fällig, so daß Weihnachten für uns praktisch wegfiel. Das einzige Geschenk, an das ich mich erinnern kann, war eine Stallaterne, die ich 1929 zu Weihnachten erhielt. Hunger habe ich allerdings trotz aller Armut nicht gekannt, denn wir hatten immer eine Kuh und einen Bullen, den wir gemästet haben.
Karl Hammer, erwerbsunfähig, Jahrgang 1915

Die Kriegszeit war eine äußerst arme Zeit. Hatten wir vorher eigentlich immer genug zu essen gehabt, mußten wir nun plötzlich mit der ganzen Familie mit 200 Gramm Brot am Tag auskommen. Mehr gab es für uns laut Lebensmittelkarte nicht. Zum Glück hatten wir noch ein kleines Feld, so daß wir ab und zu etwas zusätzlich auf dem Tisch hatten. Damals sagte man, daß jemand, der Brot mit Butter und Gelee aß, mindestens zwei Häuser besaß.
Ludwig Hammer, Drechsler, Jahrgang 1906

Agnes Wirths Vater in Uniform.

Ein Franzose, der bei uns als Gefangener gearbeitet hat, schien mir immer etwas eingebildet. Ich war ja damals noch ein kleines Kind – als der Krieg anfing, war ich fünf Jahre alt –, aber mir kamen überhaupt alle Franzosen äußerst stolz vor. Unserer war selbst kein Bauer und sprach auch kein Wort Deutsch, so daß wir uns mit ihm überhaupt nicht verständigen konnten. Ich glaube, daß er auch gar kein Deutsch lernen wollte. Im Krieg war er offenbar verwundet worden, denn er hinkte immer ein wenig. Wir Kinder, meine Mutter und meine Großmutter hatten schon manchmal Angst vor ihm, weil ansonsten kein Mann mehr im Haus war. Mitgearbeitet hat er auf dem Feld

nur widerwillig. Ich kann mich gut an einen Tag während der Ernte erinnern, an dem er zusammen mit meiner Mutter Garben zusammengestellt hat. Es kam dann immer ein sogenannter »Hut« da oben drauf, damit die Ähren bei Regen nicht naß wurden. Der Franzose hat den Hut jedoch falsch herum aufgesetzt. Mitten in der Erntezeit ist er um halb sechs regelmäßig zu meiner Mutter gegangen und hat auf seine Uhr gezeigt. Anscheinend mußten die Gefangenen nicht länger arbeiten, und so machte er immer um diese Zeit einfach Feierabend. So kam es schließlich, daß meine Schwester, die etwa 13 oder 14 Jahre alt war, die schweren Garben heben mußte, während er sich auf einem Holzstamm ausruhte.
Anna Mies, Hausfrau, Jahrgang 1909

In Ransbach gab es im Ersten Weltkrieg einige Kriegsgefangene. Mit einem von ihnen, der Bier mit dem Pferdegespann nach Höhr transportieren mußte, bin ich oft mitgefahren. Das war ein netter Franzose, vor dem ich auch als Kind eigentlich keine Angst zu haben brauchte. Ganz im Gegenteil, denn die Franzosen erhielten oft Päckchen aus ihrer Heimat. Meistens befand sich darin Weißbrot, von dem er mir immer etwas mit nach Hause gab. Darüber war man in der schlechten Zeit natürlich sehr froh. Sie blieben sehr lange in Ransbach, so daß sie zumeist auch sehr gut Deutsch sprachen und es somit auch zu keinerlei Verständigungsschwierigkeiten kam. Sie konnten sich frei im Dorf bewegen. Nur nachts schliefen sie in einem vergitterten Raum. Sonntags, wenn sie nicht arbeiten mußten, wurden sie von einem Wachmann kontrol-

Soldatenalltag in der Etappe.

liert. Später hatten wir auch Engländer, die gute Fußballer waren und jede sich bietende Gelegenheit zum Spielen nutzten. Es gab also wirklich keinen Grund für sie wegzulaufen, zumal sie mit Sicherheit nicht weit gekommen wären.
*Ludwig Hammer, Drechsler,
Jahrgang 1906*

Einer der Gefangenen, die damals im Dorf waren, kam aus dem Elsaß und sprach fließend Deutsch. Er war beim Bürgermeister untergebracht, und ihm ging es fast besser als den einheimischen Bauern selbst. So bekam er zum Beispiel regelmäßig vom Schweizer Roten Kreuz Pakete zugeschickt. Schokolade, Gebäck und andere Süßigkeiten waren da drin. So etwas hat es bei uns nie gegeben. Wahrscheinlich aus Angst, wir könnten ihm etwas wegnehmen, hat er seine Pakete deshalb immer versteckt.
*Anna Mies, Hausfrau,
Jahrgang 1909*

Ein amerikanischer Besatzungssoldat in Baumbach kurz nach Ende des Ersten Weltkriegs.

Direkt nach dem Ersten Weltkrieg kamen Amerikaner als Besatzungstruppen in den Ort. Uns wurden damals gleich fünf Soldaten zugeteilt. Unsere Wohnstube wurde von drei Soldaten belegt, während ein Offizier im ersten Stock ein Zimmer für sich alleine erhielt. Für meine Mutter und uns drei Kinder blieb da nur ein kleiner Raum übrig. Wie man sich sicher vorstellen kann, hatten wir bei so vielen fremden Männern im Haus Angst. Tagsüber, wenn meine Mutter ins Feld zum Arbeiten ging, mußte immer jemand zu Hause bleiben, damit die Soldaten nicht das ganze Haus auf den Kopf stellten. Da meine ältere Schwester wesentlich ängstlicher war als ich, fiel mir die Aufgabe immer zu. Zum Glück benahmen sich die Amerikaner sehr anständig. Als sie aus einem Urlaub in Frankreich zurückkehrten, erhielten wir sogar alle ein Paar geschnürte Lackschuhe. Die wurden leider bis zur Kommunion aufbewahrt. Bis dahin waren sie jedoch schon so klein, daß uns am nächsten Tag die Füße furchtbar weh taten.
*Klara Wolf, Schneiderin,
Jahrgang 1906*

Eigentlich war der Einmarsch der Amerikaner für uns Kinder eine schöne Zeit. In Ransbach waren ganze fünf Batterien

stationiert. Übergriffe auf die Bevölkerung gab es dabei keine. Ganz im Gegenteil, denn ich erhielt von Soldaten nicht nur Schokolade, sondern durfte auch einmal mit ins Soldatenkino. Hatte man im Krieg Seife noch aus Erde hergestellt, verteilten die Amerikaner nun richtige Seife an uns. Mensch, hatte die Mutter damals einen Spaß! Ich kann mich gut an einen Amerikaner erinnern, der beim Spielen sehr viel Geld gewonnen hatte und daraufhin in die Kantine gegangen ist. Ich bin ihm dorthin gefolgt, und tatsächlich ist auch noch etwas für mich abgefallen. Man muß bedenken, daß wir zu Hause immer zu fünft waren und über alles froh waren, was über die normalen Rationen hinausging. Generell muß man wirklich sagen, daß die Besatzungstruppen sehr freundlich waren, sogar noch freundlicher als nach dem Zweiten Weltkrieg.
Ludwig Hammer, Drechsler,
Jahrgang 1906

Krisenjahre und Inflation

In der schlechten Zeit während des Ersten Weltkriegs und danach nahm mich mein Vater oft mit zum Hamstern nach Großholbach, wo er einige Leute kannte. Dort bekam man dann ab und zu einmal ein Brot, das man gegen irgend etwas, das einem damals zur Verfügung stand, eintauschte, um über die Runden zu kommen. Denn diese Zeiten waren sehr schlecht, während man vor dem Krieg eigentlich immer satt zu essen gehabt hatte. Ich kann mich dabei besonders an einen ganzen Topf voll mit Pflaumenkraut erinnern, den wir gegen Keramik eintauschten.
Ludwig Hammer, Drechsler,
Jahrgang 1906

Als mein Vater im November 1919 nach mehr als einjähriger Gefangen-

Amerikaner vertreiben sich die Zeit mit einem kleinen Trinkgelage in der Soldatenkantine.

Auf dem Höhepunkt der großen Inflation 1923 war plötzlich jeder Milliardär.

schaft aus dem Krieg zurückkam, war er voller Geschwüre. Die Mutter mußte ihn immer mit Tüchern einwickeln, so schlimm waren die. Ein Lehrer, der zusammen mit ihm im Gefangenenlager gewesen war, hat später gesagt, sie hätten damals nicht gedacht, daß es der Nikolaus, so hieß mein Vater, nochmal nach Hause schaffen würde. Die Franzosen sind scheinbar ganz schön brutal mit den deutschen Soldaten umgesprungen, während es bei den Amerikanern wohl besser zugegangen ist. Den ganzen Winter 1918/19 über bis zu Karfreitag hatte er in einem Lager zubringen müssen. Er hat uns von dort geschrieben, daß er uns zu Ostern etwas ganz Schönes schicken würde. Wir sind jeden Tag zum Postamt gelaufen, um unser Geschenk in Empfang zu nehmen. Schließlich kam es dann auch. Nichts Großes, sondern ein kleines Schächtelchen mit Schokoladeneiern drin.

Die waren zwar größtenteils schon kaputt, aber für uns war es doch was ganz Besonderes. Wir hatten ja vorher noch nie in unserem Leben Schokolade gegessen. Als wir ihn endlich am Bahnhof abgeholt haben, war bei uns natürlich die Freude groß. Er hat uns schon von weitem gewunken. Viel hat er allerdings nicht von seinen Erlebnissen im Krieg erzählt. Aber seine Zeit als Soldat muß schrecklich gewesen sein. Er hat nur immer gesagt, daß er uns wünscht, niemals mehr einen solchen Krieg erleben zu müssen.
Anna Mies, Hausfrau, Jahrgang 1909

Unser Nachbar hat zur Inflationszeit sämtliche Fichten auf seinem Waldstück gefällt und verkauft. Am nächsten Tag wollte er nach Hachenburg, um sich von dem Geld etwas zu kaufen, aber er bekam nur noch einen

Amerikanische Soldaten posieren bereitwillig mit der Familie Hammer. Sohn Ludwig (dritter von rechts) blickt hingegen etwas mürrisch drein.

Schlips dafür. Es tauchte damals sogar selbstgedrucktes Geld auf. So gab es zum Beispiel einen Schein, auf dem die Brücke zwischen Nistertal und Dreisbach abgebildet war. Die allgemeine Enttäuschung war zu der Zeit schon sehr groß, denn viele hatten in der Kaiserzeit Geld angespart, das plötzlich wertlos war. Das gleiche galt für die Kriegsanleihen, die von einigen Patrioten im Ort gezeichnet worden waren. Im Ersten Weltkrieg hatte man uns zudem noch die große Glocke weggenommen, um sie einzuschmelzen. Der Ersatz dafür erinnerte eher an einen Melkeimer.
Albert Schütz, Landwirt, Jahrgang 1914

Persönlich kann ich mich an die Inflationszeit nicht mehr so gut erinnern. Dazu war ich damals einfach zu klein. Ich weiß allerdings noch genau, daß meine Mutter später sagte, praktisch von einem Tag auf den anderen sei das Geld wertlos geworden. Plötzlich drehte sich alles nur noch um Millionen. Dabei hatten meine Eltern noch Glück im Unglück. Sie verkauften eine Kuh, um sich davon einen neuen Herd leisten zu können. Nebenbei erwarben sie auch noch einen ganzen Sack voll mit Schuhen für uns Kinder. Einkaufen war zu der Zeit gar nicht so einfach, denn in der Inflationszeit wollte natürlich niemand etwas für Geld verkaufen. Das bedeutete, daß man nehmen mußte, was man kriegen konnte. Auswahl gab es keine. Wie auch immer, am nächsten Tag war

das Geld bereits so gut wie wertlos. Ich weiß von Bauern, die ebenfalls ihr Vieh verkauft hatten und nur noch ein Päckchen Tabak dafür bekamen. Allgemein waren die Folgen der Geldentwertung natürlich dramatisch, zumal es sich gerade hier auf dem Land um sauer verdientes Sparguthaben handelte.
*Maria Assmann, Hausfrau,
Jahrgang 1916*

Der Beginn der zwanziger Jahre war eine sehr arme Zeit. Die Aufträge für meine Firma blieben aus, so daß ich arbeitslos wurde, wie die meisten anderen auch. Mein Vater kannte jemand in der Gemeinde, den ich fragte, ob ich in dem großen Steinbruch bei Ransbach arbeiten könne. Ich hatte Glück und erhielt eine Anstellung. Allerdings gab es auch dort kaum etwas zu tun, so daß ich zwar jeden Morgen um sieben Uhr zur Arbeit ging, aber ansonsten eigentlich den ganzen Tag über mit den anderen Arbeitern herumlungerte. Zuerst haben wir uns auf eine Bank gesetzt, bevor wir uns dann langsam zum Steinbruch begaben. Immerhin verdiente ich nun aber etwas Geld, Millionen sogar. Eine Woche vor der Ransbacher Kirmes habe ich zum Beispiel 2 Millionen Mark erhalten. An dem Tag sagte ich zu meinem Vater, daß es in der folgenden Woche bestimmt 10 Millionen sein würden. Tatsächlich waren es schließlich 12 Millionen. Später gab es ja sogar Milliarden und Billionen, bis plötzlich im Oktober 1923 die stabilere Rentenmark kam. Erst da trat eine gewisse Besserung ein.
*Ludwig Hammer, Drechsler,
Jahrgang 1906*

Innerhalb weniger Tage konnten aufgrund des starken Währungsverfalls selbst Millionen vollkommen wertlos werden. Deshalb versuchte jeder, sein Geld so schnell wie möglich gegen Waren einzutauschen.

Eine Karte aus dem »Land der unbegrenzten Möglichkeiten« – mitten in der größten Not in Deutschland.

Meine Mutter holte sich ihre Rente in den zwanziger Jahren immer in Westerburg ab. Einmal – ich glaube, es war in der Inflationszeit – wollte sie uns davon Kleider kaufen. Danach kam sie mit einem winzigen Stück Stoff zurück. Damit konnte man noch nicht einmal einen Unterrock machen. Zu mehr hatte das Geld nicht gereicht. Deshalb hat sie noch etwas Leinen daran genäht, damit wir wenigstens einen Unterrock hatten. Ich bin mir sicher, daß wir damals ohne Landwirtschaft nicht überlebt hätten. Die beiden Kühe und die Hühner lieferten ja zumindest Milch, Butter und Eier. Manchmal konnte meine Mutter sogar noch etwas davon in der Stadt verkaufen. Da kam natürlich oft Eierkäse bei uns auf den Tisch. Er wurde in Scheiben geschnitten, und danach konnte man ihn gut pur essen.
Klara Wolf, Schneiderin, Jahrgang 1911

Als sich 1919 meine Geburt abzeichnete, wurden meine beiden Onkels weggeschickt, um nach der Hebamme in Salz zu rufen. Unterwegs mußten sie erst noch die amerikanisch-französische Besatzungsgrenze passieren, die genau zwischen Herschbach und Salz verlief. Als sie dort endlich ankamen, war die Hebamme allerdings nicht zu Hause. Da niemand wußte, wo sie war, liefen meine Onkels weiter nach Bilkheim, Wallmerod und Meudt zu einer anderen Hebamme, die schließlich mit nach Herschbach kam. Bei ihrer Ankunft war ich jedoch bereits zusammen mit meiner Zwillingsschwester auf die Welt gekommen, so daß sie lediglich noch die Nabelschnur durchtrennt hat. Meine Mutter hatte zusehen müssen, wie sie alleine zurechtkam, denn bei unseren Verwandten grassierte zu der Zeit der Typhus.
Richard Holzbach, Landwirt, Jahrgang 1919

Landleben

Ganz besonders deutlich wird der Kontrast zur Gegenwart bei einer Betrachtung des Alltags auf dem Land vor 50 bis 100 Jahren. Der Durchschnitts-Westerwälder auf dem Dorf war damals nämlich noch weitgehend autark. Gegenstände des täglichen Gebrauchs, wie Lebensmittel und zum Teil auch Kleider, wurden oft noch selbst hergestellt. Wer kann schon heute von sich behaupten, daß er weiß, wie man aus Hanf Leinen herstellt? Der Prozeß war ebenso langwierig und mühsam wie die harte Arbeit auf dem Feld. In Zeiten ohne Supermarkt und bei chronisch knappen Haushaltskassen hielt sich darüber hinaus jeder, der es sich leisten konnte, ein paar Hühner, Schweine, Ziegen oder Kühe im Stall. Den An- und Verkauf von Vieh und sonstigen Waren besorgten jüdische Händler, die ihre Geschäfte gewöhnlich noch per Handschlag abschlossen.

Von Streß und Hektik keine Spur: Ein Bauer gönnt sich auf seinem Weg aufs Feld ein kleines Päuschen für einen Schnappschuß.

Lebensgrundlagen auf dem Dorf

In unserer Familie hatte in den frühen Dreißigern niemand nach der Schulzeit Arbeit, so daß ich mit meinen Brüdern in der Landwirtschaft arbeitete. Später hatten wir in der Regel sieben oder acht Kühe im Stall, die unsere Lebensgrundlage darstellten. Bei Lochum hatten wir noch zwei Morgen Wiese, die natürlich mehrmals im Jahr gemäht werden mußten. Wir sind zu viert dorthin gegangen. Meine Brüder haben oft noch vor der Arbeit mit der Sense gemäht. Das war selbstverständlich sehr anstrengend, aber in dem Alter hat das eigentlich nicht so viel ausgemacht. Dafür gab es im Winter nicht so viel zu tun, denn Maschinen zum Reparieren hatten wir ja keine. Dann gingen wir oft spazieren oder spielten Skat. Das Leben war allgemein einfach viel geruhsamer als es heute der Fall ist.
Viktor Aust, Sägewerksarbeiter, Jahrgang 1915

Da wir in einem Haus der Bahn wohnten, bekamen wir 1916 auf deren Kosten elektrisches Licht. Das war natürlich etwas ganz Besonderes. Zuerst hatten wir nur im Schlafzimmer und in der Küche Licht, aber da unser Onkel Elektriker war, wurden später auch Lampen in zwei weiteren Zimmern installiert. Eine Kilowattstunde kostete allerdings 5 Groschen, so daß wir sehr sparsam mit dem Licht umgehen mußten. Trotzdem war der Stromanschluß auf jeden Fall eine erhebliche Verbesserung, denn vorher hatten wir Petroleumlampen benutzt, die weit weniger hell leuchteten als die Glühlampen. Das Petroleum war auch knapp, so daß wir zuvor aus Sparsamkeit nur sehr kleine Lampen besessen hatten.
Ludwig Hammer, Drechsler, Jahrgang 1906

Beim Mähen mit der Sense.

Sowohl im Krieg als auch unter der französischen Besatzung mußten wir selbstverständlich unser Vieh deklarieren. Also schlachteten wir heimlich in der Dachkammer, so daß niemand etwas davon mitbekam. Damit waren wir natürlich nicht die einzigen. An einem Abend sah ich Licht auf dem Speicher unserer Nachbarn. Man konnte deutlich hören, daß sie am Schlachten waren. Als ich dann aus Spaß pfiff, war plötzlich nichts mehr zu hören. Sie waren wohl erschrocken, denn sie wußten ja nicht, wer gepfiffen

hatte. Erst nach einer Weile arbeiteten sie wieder weiter. Wir selbst erhielten beim Schlachten einmal unverhofften Besuch vom Dorfpolizisten. Doch der hatte selbst nichts zu essen und war froh, daß er auch etwas Wurst und Fleisch abbekam. Angezeigt hat er uns aber zum Glück nicht.
Hildegard Nilges, Hausfrau, Jahrgang 1919

Wenn das Getreide gefroren war, konnte man es am besten dreschen, weil sich dann die Spreu am leichtesten vom Weizen trennen ließ. Deshalb wurde das Korn oftmals im Sommer nach der Ernte eingelagert. An solchen Tagen hätte man sich am liebsten nach dem Essen ins Bett gelegt, aber meistens wurde so viel Heu wie möglich eingebracht, so daß man in der Regel auch abends noch einen Wagen ablud. Im Herbst wurden neben dem Dreschen auch noch ein oder zwei Schweine geschlachtet, die man als kleine Ferkel im Frühjahr gekauft hatte. Sie wurden zunächst mit alten Kartoffeln gefüttert, die schon zu keimen begonnen hatten. Erst wenn sie etwas größer und dicker wurden, erhielten sie frischere vom Feld. Es ist übrigens kein Zufall, daß gerade gegen Ende des Jahres, wenn geschlachtet wurde, die meisten Hochzeiten stattfanden. Neben Schweinen gab es einen hohen Bestand an Rindern im Ort. Ich schätze so etwa 350 Stück, denn wir hatten unglaublich viele Quellen hier. Nur die, die im Siegerland in den Erzgruben arbeiteten, hatten zumeist nur ein, zwei Kühe oder sogar nur ein paar Ziegen im Stall, weil es ihnen an Futter fehlte.
Albrecht Schütz, Landwirt, Jahrgang 1914

In Zeiten ohne Mähdrescher mußten Ochsen diese Arbeit übernehmen.

Wie die Mehrzahl meiner Mitschülerinnen hatte ich keinen richtigen Schulranzen, sondern nur eine Tasche, die aus selbstgemachtem Leinen hergestellt worden war. Sie hatte eine bräunliche Farbe, die sie, wie es in den schlechten Zeiten üblich war, von gekochten Walnußblättern erhalten hatte. Da kommt übrigens in Meudt auch heute noch der Straßenname der Färberbachstraße her. Das benötigte Leinen wurde aus Flachs produziert, den wir auch selbst gezogen haben. Wenn er blühte, glich er hellblauen Sternen. Reif wurden die Blütenkapseln jedoch erst später. Dann konnte man sie ernten und erhielt daraus Leinsamen, während der Rest der Pflanze zu Leinen weiterverarbeitet wurde. Dazu wurden die Stengel gerupft, gebündelt und zu Garben zusammengestellt. Dann ließ man die Stengel so lange trocknen, bis sie so

Ochsengespanne waren recht holprige Transportmittel.

dürr waren, daß sie bei einer speziellen Behandlung platzten. Für diese Prozedur gab es einen besonderen Platz im Ort, an dem man sich auf eine Bank setzte und mit Hilfe einer speziell dafür konstruierten Brechbank die harten Stengeln aufbrach, so daß die Fasern hervortraten. Nachdem man diese feinen Fäden danach säuberlich von den restlichen Stengeln getrennt hatte, wurden sie schließlich gesponnen und zu Leinen weiterverarbeitet. Feines Leinen verwendete man in der Regel als Unterwäsche oder als Tischdecken.
Maria Assmann, Hausfrau, Jahrgang 1916

Um einen kleinen Nebenverdienst zu haben, zogen wir in unserem Stall Ferkel auf, um einen Teil anschließend wieder zu verkaufen. Als Kind mußte ich darum regelmäßig mit den Schweinen die sechs Kilometer von Gackenbach bis nach Isselbach laufen. Das brachte uns immer ganz gutes Geld ein. Um so schlimmer traf uns dann auch deshalb der Diebstahl zweier Schweine. Jemand hatte einfach die Stalltür geöffnet, sie mitgenommen und später geschlachtet. Danach haben wir uns einen Hund angeschafft. Leider war es da ja schon zu spät.
Wilhelm Weis, Versicherungskaufmann, Jahrgang 1916

Wir hatten zwar keine Kuh, aber immer vier Ziegen. Im Winter, wenn sie trächtig waren, gab es natürlich einen Engpaß mit der Milch. Dafür hatten wir später Lämmchen, von denen eines zu Ostern geschlachtet wurde. In der übrigen Jahreszeit haben wir die Milch selbstverständlich auch zu Butter weiterverarbeitet. Dazu benutzten wir zusammen mit unserem Nachbar eine sogenannte »Zentrifuge«, die so lange gedreht wurde, bis sich der Rahm von der Magermilch absetzte, die man mit Hilfe eines Kanals ableitete. Das ging eigentlich noch recht schnell. Butterschlagen konnte allerdings durchaus eine Stunde und länger dauern. Dazu bewegte man einen Stab mit einem Holzdeckel im Butterfaß so lange auf und ab, bis es zu rauschen begann. Da wußte man, daß der Rahm zu Butter geworden war.
Frieda Schneider, Hausfrau, Jahrgang 1919

Selbstverständlich mußte es im Ersten Weltkrieg auch ohne meinen Vater weitergehen. Da wir Landwirtschaft hatten, mußten wir meine Mutter schon früh-

zeitig unterstützen, weil sie die Arbeit nicht alleine bewältigen konnte. Im Laufe des Krieges haben wir allerdings Kriegsgefangene bekommen – Russen und Franzosen. Darüber hinaus halfen uns noch andere Dorfbewohner, bevor letztlich alle an die Front geschickt wurden. Gegessen wurde damals, was gerade halt vorhanden war. Zum Glück haben wir bei uns selbst angebaut, so daß wir während des gesamten Krieges nie hungern mußten. Schlachten durfte man jedoch nicht soviel wie man wollte, sondern man erhielt pro Kopf nur eine bestimmte Menge – ich weiß nicht mehr wieviel – zugeteilt. Große Esser waren wir Gott sei Dank nicht, aber ich nehme an, daß das bei Familien mit heranwachsenden Jungs anders aussah.
Anna Mies, Hausfrau, Jahrgang 1909

1936 kauften wir einen großen Kupferkessel, in dem wir die Wäsche waschen konnten. Die weiße Wäsche wurde zuerst eingeweicht und ausgewrungen, um sie anschließend zu kochen. Dabei wurde unter einem Kessel Feuer gemacht. Nachdem sie wieder abgekühlt war, wurde sie ausgewaschen. Von der Lauge, die dabei entstand, wurde daraufhin die bunte Wäsche gewaschen. Am Ende wurde die Weiß-

Das zu Garben zusammengestellte Getreide wird verladen. Was hier wie eine idyllische Landszene aussieht, war in Wirklichkeit Knochenarbeit.

wäsche auf der Wiese zum Bleichen ausgelegt, mit Wasser begossen und wieder ausgewaschen. Zum Bügeln mußten schließlich noch die Eisen auf dem Herd heiß gemacht werden, so daß es sich lange hinzog, bis man die Sachen wieder anziehen konnte.
Frieda Schneider, Hausfrau, Jahrgang 1919

In unserem Stall standen mindestens fünf oder sechs Kühe. Dazu besaßen wir auch noch Pferde. Meine Mutter hat sich allerdings nie in den Stall getraut, weil sie richtig Angst vor dem Vieh hatte. Wenn mal niemand anderes außer ihr zu Hause war und die Tiere von der Weide zurückgebracht wurden, fing sie jedes Mal an zu weinen. Sie hat sich halt an keine Kuh herangewagt. Das war irgendwie schon etwas seltsam für eine Bäuerin. Diesen Bereich übernahmen deshalb meine Tante und ich selbst. So lernte ich bereits frühzeitig melken und half später sogar beim Beladen der Heuwagen. Dabei kam es aber schon mal vor, daß mir ein Ballen zu schwer war und ich ihn wieder herunterfallen ließ. Im Winter mußten wir direkt nach der Schule entweder Kohle hereinholen oder Kohlrabi schälen.
Hildegard Nilges, Hausfrau, Jahrgang 1919

Mein Vater arbeitete als Steinhauer in Selters. Dazu mußte er jeden Morgen und Abend sechs Kilometer zu Fuß zurücklegen. Später hat er dann versucht, Fahrrad fahren zu lernen, aber das hat er nicht mehr geschafft. Außer dem Geld, das er dort verdiente, besaßen wir noch ein paar Hühner,

Frauen bei der Gurkenernte kurz nach Ende des Zweiten Weltkriegs.

Schweine und Ziegen. Letztere wurden von uns regelmäßig gemolken, wobei die Ziegenmilch genau wie Kuhmilch zu Käse und Butter weiterverarbeitet wurde. Problematisch war es nur im Winter, wenn sie Junge bekamen und keine Milch mehr gaben. Dann mußten wir uns entsprechend einschränken. Immerhin hatten wir immer genug zu essen, denn wir hatten außerdem auch noch ein kleines Stück Land, das wir von einem benachbarten Bauern bearbeiten ließen. Zum Ausgleich mußte ich ihm dafür bei der Ernte helfen. Eine Ausbildung konnte ich natürlich keine machen, sondern mußte später zu Hause mitarbeiten, da meine Tante schon etwas älter war.
*Frieda Schneider, Hausfrau,
Jahrgang 1919*

In Meudt feierte man 1933 mit seinen 50 jüdischen Mitbürgern noch einträchtig Weihnachten miteinander.

Juden im Westerwald

In Herschbach selbst lebten zwar keine Juden, aber sie kamen trotzdem häufig ins Dorf, um Vieh zu kaufen. Ich kann mich daran erinnern, daß sie oft meinen Vater fragten, ob er irgend jemand kennen würde, der eine Kuh oder sonstiges verkaufen wolle. Geschäfte wurden bei ihnen per Handschlag abgeschlossen. Da sie alle handelten, hatten sie natürlich einen gewissen Ruf weg. Allerdings haben sie auch oft geholfen. Ich persönlich kann mich an eine Familie erinnern, die alle Kühe bis auf zwei verloren hatte. Beide wurden jedoch dringend zum Ackern gebraucht. Ein Jude hat ihnen dann eine Kuh kostenlos zur Verfügung gestellt und es ihnen überlassen, wann sie die Schulden zurückzahlen. Ich selbst habe mir immer etwas Geld damit verdient, in die verschiedenen Dörfer zu laufen – Autos gab es ja bei uns noch keine –, um das Vieh dort bei Bauern abzuholen und zu den Juden zu treiben. Dafür mußte ich mich direkt nach der Schule auf den Weg machen, da ich mitunter große Strecken zurücklegen mußte. Bergauf bin ich gegangen und ansonsten gelaufen. Die Kuh habe ich dabei mit einem Stock neben mir hergetrieben. Aber ich bekam dafür 5 Groschen oder manchmal sogar 1 Mark. Das war zu der Zeit für mich eine Menge Geld.
*Richard Holzbach, Landwirt,
Jahrgang 1919*

Ein Jude namens Nathan kam regelmäßig von Selters nach Unnau, um die jungen Kälber aufzukaufen. Er zog

dann immer wie der Rattenfänger von Hameln aus dem Dorf heraus, so viele Tiere liefen hinter ihm her. Er war ein äußerst anständiger Mann, der gerade in der schweren Zeit für viele arme Dorfbewohner unverzichtbar war. Denn er überließ ihnen oft Vieh und ließ sich dafür nur mit etwas Butter oder Milch bezahlen. Ich kann mich noch erinnern, daß er nicht nur im Ersten Weltkrieg gekämpft hat, sondern dort sogar das Eiserne Kreuz erhalten hatte. Deshalb hat er es nicht für möglich gehalten, daß man ihm etwas antun könnte. Als die Verfolgungen später jedoch immer ernsthaftere Formen annahmen, hat er zuerst Frau und Kinder und schließlich sich selbst erhängt.
Albrecht Schütz, Landwirt, Jahrgang 1916

Da in Meudt viele Juden lebten, hatten wir selbstverständlich auch jüdische Kinder in der Schule. Ein Jude war in meinem Jahrgang. In den Klassen über mir gab es zwei jüdische Mädchen. Unterschiede sind aber keine gemacht worden. Nur wenn wir Religion hatten, kam zu ihnen eben der Rabbi. In Meudt selbst gab es keinen. Ich glaube, daß er von Westerburg kam und regelmäßig hier den Unterricht hielt. Besonders gut kann ich mich daran erinnern, daß die Juden am Sabbat kein Feuer machen durften, so daß wir auf dem Schulweg oft von ihnen angesprochen wurden, ob wir das für sie erledigen könnten. An Ostern gab es dafür immer die sogenannten »Matze«, eine Art Gebäck, das wir sehr gerne gegessen haben. Das Verhältnis der Juden mit den anderen

Blick auf die Meudter Hauptstraße mit der Synagoge der jüdischen Gemeinde rechts im Hintergrund.

Meudtern war eigentlich ausgesprochen gut. Die Meudter Juden lebten alle bis auf einen, der eine Metzgerei hatte, vom Handel. Sie haben bei uns im Dorf das Vieh aufgekauft und sind dann zu Fuß bis nach Koblenz marschiert, um es wieder mit Gewinn weiterzuverkaufen. Andere sind mit Kurzwaren, also Knöpfen, Gummis und ähnlichem, handeln gegangen. Weil sie dabei sehr geschickt zu Werke gingen, hat man sie schon mal als »Spitzbuben« bezeichnet. Probleme hat es in Meudt mit ihnen allerdings deshalb keine gegeben. Gerade zur Osterzeit, wenn die Juden ihr Passahfest feierten, waren wir immer froh, daß wir ihnen die Lämmchen für 3 Mark abkaufen konnten.
Agnes Wirth, Hausfrau,
Jahrgang 1922

Juden gab es damals in Grenzhausen, Mogendorf und Montabaur. Besonders beliebt waren sie in der Bevölkerung nicht gerade, weil sie nicht körperlich arbeiteten, sondern ihren Unterhalt zumeist als ausgekochte Händler verdienten. Damit war natürlich sehr viel Geld zu machen, wodurch sie es sich auch leisten konnten, ihre Söhne studieren zu lassen. Wer vor Gericht ging, hieß es immer, solle sich am besten einen jüdischen Anwalt nehmen, denn der Richter sei wahrscheinlich auch Jude, und da sie sowieso alle zusammenhielten, würde man so sicher besser davonkommen.
Ludwig Hammer, Drechsler,
Jahrgang 1906

In Helferskirchen selbst gab es zwar keine Juden, aber in Quirmbach und Selters wohnten einige. Die meisten von ihnen handelten, und es hieß deshalb oft, daß sie nicht viel taugten. Viele hatten nämlich damals von ihnen Kühe gekauft, die sie danach nicht mehr bezahlen konnten. Das Vieh ging in solchen Fällen natürlich in den Besitz der Juden über. Die Kuh blieb der Familie zwar erhalten, aber sie mußten das Tier füttern und einen Teil der Milch abgeben. Allerdings muß man auch sagen, daß die armen Leute so wenigstens eine Kuh im Stall und damit einen Nutzen davon hatten. Von der Reichskristallnacht habe ich später nur gehört, denn zu der Zeit befand ich mich gerade für zwei Wochen in einem Kloster in Limburg. Mir ist davon nur in Erinnerung geblieben, daß in Quirmbach sehr viel zerstört wurde.
Frieda Schneider, Hausfrau,
Jahrgang 1919

Regelmäßig kamen jüdische Händler aus Montabaur ins Dorf, um mit Vieh zu handeln. Meistens fingen wir Kinder sie bereits am Ortseingang ab und setzten uns hinten auf ihre Kutschen. Das hat uns immer sehr viel Spaß gemacht. Wir bekamen aber Angst, sie könnten uns mit nach Montabaur nehmen und sprangen deshalb kurz vor dem Ortsausgang stets wieder ab. Dabei hat man sich oftmals die Knie aufgefallen.
Klara Wolf, Schneiderin,
Jahrgang 1911

Medizinische Verhältnisse

Wenn wir als Kinder Zahnschmerzen hatten, hat uns mein Vater einen Faden um den Zahn gebunden und an der Tür

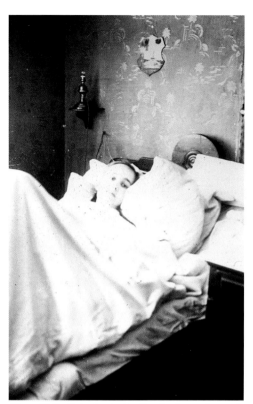
Klara Wolfs Schwägerin im Krankenbett. Sie starb nach zweijährigem Leiden an Tuberkulose.

befestigt. Dann wurde die Tür zugeschlagen, und der Zahn war draußen. So hat sich das damals abgespielt. Es gab aber kaum jemand, der zum Zahnarzt nach Wallmerod gefahren ist, um sich dort behandeln zu lassen. Meine Mutter hatte, wie ich mich erinnern kann, nachher gar keine Zähne mehr. In Meudt hatten wir allerdings einen praktischen Arzt, den Dr. Lang. Wir sind da jedoch nie hingegangen, weil man dafür selbstverständlich bezahlen mußte. Als selbständiger Schneider war mein Vater, wie übrigens die meisten Bauern im Dorf, nicht krankenversichert.
*Agnes Wirth, Hausfrau,
Jahrgang 1922*

Eines Tages erkrankte meine Schwägerin schwer. An ihrem Bauch hatte sich ein Geschwür gebildet. Daraufhin rief man einen Arzt zu Hilfe, der es aufschnitt. Wie sich später herausstellte, litt sie jedoch unter offener Tuberkulose, so daß auch nach dem Eingriff keine Besserung eintrat. Da meine Schwägerin sehr empfindlich war, wollte sie auf keinen Fall ins Krankenhaus. Erst als die Lage schließlich immer kritischer wurde, lieferte man sie ein. Zu dem Zeitpunkt war die Krankheit allerdings schon so weit fortgeschritten, daß der gesamte Körper befallen war. Sie konnte nicht mehr geheilt werden und starb erst, nachdem sie insgesamt zwei Jahre unter heftigen Schmerzen gelitten hatte.
*Klara Wolf, Schneiderin,
Jahrgang 1911*

Das Kriegsende hat mein Vater nicht mehr erlebt. Im Februar 1945 ist er plötzlich an Gürtelrose gestorben. Kurz zuvor war er ins Selterser Krankenhaus eingeliefert worden. Vielleicht hätte er überlebt, wenn er nach Dernbach gebracht worden wäre, denn dort war man damals schon etwas moderner und medizinisch fortschrittlicher. Jedenfalls war der Anblick meines Vaters bei meinem letzten Besuch dort der schrecklichste Augenblick in meinem Leben. Gürtelrose ist ja so eine nervlich bedingte Krankheit, bei der sich der gesamte Körper, meistens ausgehend von der Taille, entzündet. Als ich meinen Vater damals sah, hätte ich alles gegeben, um wieder aus dem Zimmer gehen zu dürfen. Gesicht und Hals waren vollends zugeschwollen. Selbst ich konnte ihn gar nicht mehr wiedererkennen. Zum Glück war er schon nicht mehr ganz bei Bewußtsein. Als er dann

schließlich starb, war ich mit meinen 26 Jahren ganz alleine. Eine Rente oder ähnliches gab es für mich nicht. Eigentlich weiß ich nicht, wovon ich überhaupt gelebt habe.
Frieda Schneider, Hausfrau,
Jahrgang 1919

Meine Kindheit war etwas davon überschattet, daß ich die meiste Zeit krank war. Von klein auf litt ich an einem schweren Hautleiden. Meine Arme und Beine waren oftmals wie rohes Fleisch. Das Jucken war kaum auszuhalten, so daß es schon mal vorkam, daß ich mir eine ganze Flasche Brennspiritus den Rücken herunter schüttete, um es zu betäuben. Jucken ist wirklich schlimmer als Schmerzen, ich hätte oftmals die Wände hoch laufen können. Zur Behandlung erhielt ich gleich pfundweise Salbe aus der Apotheke. Wir waren damals zum Glück schon krankenversichert und mußten deshalb die Kosten nicht selbst übernehmen. Als die Hautkrankheit aufgrund der Behandlung mit einer speziellen Salbe nachließ, stellte sich bei mir ein Gehirnleiden ein. Ich wurde zeitweise auf einem Auge blind und halbseitig gelähmt. Immer wenn die Lähmung danach wieder zurückging, bekam ich eine Gehirnkolik, die sich in unerträglichen Kopfschmerzen niederschlug. Ich kniete bei derartigen Anfällen häufig im Bett bis zur Bewußtlosigkeit. In einer Bonner Klinik stellte man fest, daß mein Gehirn wohl zu groß für meinen Schädel sei, aber kein Arzt konnte mir helfen. So bekam ich nach jedem Anfall direkt eine Traubenzuckerspritze, um das Hirnwasser zu senken. Im Laufe der Zeit erhielt ich somit 400 bis 500 Spritzen. Als alles nichts half, verabreichte man mir schließlich

Vitamin B 12. Ich hatte kaum eine Dosis davon genommen, schon waren die Schmerzen verschwunden. Seither habe ich keine Kopfschmerzen mehr gehabt.
Karl Hammer, erwerbsunfähig,
Jahrgang 1915

Da es bei uns im Lazarett zu Montabaur natürlich hygienisch nicht einwandfrei zugehen konnte, kam es sehr häufig vor, daß die Wunden vereiterten. Wir stellten allerdings irgendwann fest, daß es bestimmte Maden gab, die den Eiter aufsaugten und dafür sorgten, daß die Wunden schneller heilten. Nachher haben wir diese Maden gezielt eingesetzt und hatten auch großen Erfolg damit, da sie sich unter diesen für sie günstigen Umständen hervorragend vermehrten. In einer Ärztezeitung habe ich letztens erst gelesen, daß man diese Maden auch heute noch einsetzt, da viele Antibiotika nicht mehr wirken.
Ferdinand Schmidt, Arzt,
Jahrgang 1921

In meiner Kindheit hatte ich einmal die Gelbsucht, und selbst in der Situation haben wir keinen Arzt geholt. Mein Vater ist erst später einer Krankenkasse beigetreten. Hätte damals jemand in das Krankenhaus gemußt, hätten im schlimmsten Fall Haus und Hof dafür draufgehen können. Zumindest hätte man ein Stück Vieh verkaufen müssen. Für Kleinigkeiten gab es im Geschäft Wolf ein Schränkchen, in dem sich alle möglichen Arzneien befanden. Ich weiß noch, daß ich dort immer Borwasser holte, weil ich Probleme mit den Augen hatte. Außerdem litt ich oft unter Ohrenschmerzen. Für so etwas hatten wir ein Säckchen mit Kamillentee, den man

warm machte und einfach an das Ohr hielt. Das hat auch meistens geholfen. Als Hausrezept gegen starken Husten schnitt man Zwiebeln in Scheiben, gab Zucker dazu und ließ das Ganze über Nacht ziehen, um den Sirup schließlich am nächsten Tag zu essen. Schwerere Krankheiten oder auch Blinddarmentzündungen sind damals oftmals gar nicht erst erkannt worden, so daß die Leute halt einfach daran gestorben sind.
*Agnes Wirth, Hausfrau,
Jahrgang 1922*

Armut und Improvisation in Notzeiten

In unserer ersten Zeit in Meudt waren wir immer auf die Hilfe anderer angewiesen. Fleisch gab es aus diesem Grund für uns nur sehr selten. Eines Tages hatte eine Familie aus dem Dorf geschlachtet und daraus Wurst in Konservendosen abgefüllt. Eine der Dosen war dabei wohl so voll gewesen, daß man den Deckel nicht mehr zumachen konnte. Zu unserer Freude schenkten sie uns diese Dose. Meine beiden Kinder und ich hatten einen dermaßen großen Heißhunger, daß wir die Wurst komplett aufgegessen

Alma Schwensitzki (zweite von rechts) kurz nach ihrer Ankunft im Westerwald bei der Kartoffelernte.

haben. Die Frau, in deren Haus wir lebten, konnte gar nicht begreifen, wie wir die Wurst so schnell hatten essen können. Normalerweise hätte nämlich eine ganze Familie eine Woche daran gegessen.
Alma Schwensitzki, Hausfrau, Jahrgang 1914

In den armen Zeiten nach dem Zweiten Weltkrieg sind wir sogar in den Wald gegangen, um dort Bucheckern zu sammeln. Dazu hatten wir ein Sieb, auf das wir den Waldboden schütteten. Darin blieben die Bucheckern hängen. Sie wurden anschließend in der Mühle abgegeben, wofür man im Gegenzug Öl erhielt. Viel haben wir damit natürlich nicht herausgekriegt, denn Bucheckern wiegen ja nur sehr wenig, und die wurden nach Gewicht bezahlt. Sieben Pfund ergaben gerade einmal einen Liter Öl. Zudem waren sie oft auch sehr feucht, so daß wir sie vorher noch trocknen mußten. Ansonsten hätte sie der Müller gar nicht genommen. Immerhin waren die Jahre 1945 bis 1947 offensichtlich gute Bucheckernjahre, so daß es sich trotzdem irgendwie lohnte, zumal uns später auch die Männer noch unterstützten.
Frieda Schneider, Hausfrau, Jahrgang 1919

Meinen Lebensunterhalt bestritt ich nach meiner Flucht anfangs nur mit meiner Kriegswitwenrente, als ich die endlich durchbekam. Sie war jedoch äußerst gering. Ich glaube, daß sie nicht mehr als 30 Mark im Monat betrug. Alleine 16 Mark davon mußte ich für die Miete bezahlen. Dazu kam irgendwann zum Glück eine Nachzah-

Alma Schwensitzkis Kinder haben sich für den Fotografen herausgeputzt.

lung der Versorgungsrente von knapp 700 Mark für die gesamten Jahre, die wir auf der Flucht gewesen waren. Dafür habe ich mir einen Küchenschrank gekauft.
Alma Schwensitzki, Hausfrau, Jahrgang 1914

Nachdem mein Bruder im Krieg verwundet worden war, kam er dann nach Montabaur in ein Genesungsheim. Das war ja zum Glück nicht besonders weit, so daß man sich schon mal gegenseitig besuchen konnte. Bei einem seiner Besuche hatten wir gerade schwarz geschlachtet. Erlaubt war das natürlich nicht, und wir wären bestimmt eingesperrt worden, wenn

jemand davon erfahren hätte. Deshalb haben wir das Kalb auch auf dem Speicher zerlegt. Anschließend gab es dann Gulasch. Ich glaube, daß ich noch nie jemand gesehen habe, der solchen Heißhunger hatte wie mein Bruder. Er hat den ganzen Brattopf leer gegessen und war nachher so voll, daß er kaum mehr gehen konnte. Aber er hatte sich nach langer Zeit immerhin mal wieder satt gegessen.
Maria Assmann, Hausfrau,
Jahrgang 1916

Kindheitserinnerungen

Wie sah es in den Kinderstuben in der ersten Hälfte des 20. Jahrhunderts aus? Mit dieser Frage verbanden einige Zeitzeugen den frühen Tod eines Elternteils, anderen huschte hingegen ein Lächeln übers Gesicht: »In erster Linie eng und lebhaft«, lautete ihre Antwort. Bei Großfamilien mit bis zu zwölf Kindern und weiteren Familienangehörigen kann man sich gut vorstellen, daß es schon puren Luxus bedeutete, ein eigenes Bett zu haben. Natürlich mußte trotzdem eine gewisse Ordnung herrschen. Entsprechend gestaltete sich die Erziehung strenger als heute, wobei durchaus auch die älteren Kinder die Rolle des »Hausgendarmen« übernehmen konnten. Unter Geschwistern ging es überhaupt oft heftig zur Sache, so daß auch spätere Bundestagsabgeordnete schon frühzeitig lernten, sich durchzusetzen. Neben Rauferei und Schule stand noch die Erfüllung häuslicher Pflichten – wie die Übernahme von landwirtschaftlichen Arbeiten – auf der Tagesordnung, was jedoch als selbstverständlich betrachtet und deshalb in der Regel widerspruchslos befolgt wurde.

Zwei Lausbuben beim Kirschen klauen.

Familienleben und Wohnverhältnisse

Ganz besonders im Vergleich zu heute wohnte man zu meiner Kindheit sehr primitiv. Ich kam 1915 zur Welt und lebte mit meinen beiden Geschwistern und meinen Eltern in einer Wohnung von gerade mal zwei Zimmern. Das war damals nichts Ungewöhnliches. Die Zimmer waren nur durch eine Holzwand, eine sogenannte »spanische Wand«, voneinander getrennt. An eine Toilette im heutigen Sinn war natürlich nicht zu denken, und Wasser gab es nur im ersten Stock.
Karl Hammer, erwerbsunfähig, Jahrgang 1915

Besonders gut kann ich mich in meiner Kindheit an die Unterwäsche erinnern, die ich tragen mußte. Während sie im Winter aus weichem Biberstoff bestand, trugen wir im Sommer Unterwäsche aus grobem Leinen. Den Stoff fand ich schon als kleines Kind entsetzlich, denn er kratzte höllisch. Deshalb legte ich meine Kleider in der Regel einige Tage unter die Bettdecke, damit sie etwas weicher wurden. Als ich dann später mein erstes Geld selbst verdiente, kaufte ich zuallererst seidene Unterwäsche. Das sprach sich dann natürlich schnell im ganzen Dorf herum, denn die Zeiten waren ja sehr arm.
Klara Wolf, Schneiderin, Jahrgang 1911

Eis schlecken in der Kirchstraße in Montabaur.

Ich war bei uns zu Hause das jüngste von zwölf Kindern. Mein ältester Bruder war 1897 geboren worden und somit ganze 18 Jahre älter als ich. Heute muß ich sagen, daß das einfach zuviel war. Mich hätten sie zumindest nicht mehr gebraucht. Es gab ja damals keine staatliche Unterstützung, sondern wir waren ganz auf unsere kleine Landwirtschaft angewiesen, um alle satt zu bekommen. Man muß sich einmal vorstellen, daß wir zu dieser Zeit nur zwei Zimmer hatten. In einem schliefen die Mädchen und im anderen die Jungs. Wir hatten übrigens auch keine Betten im heutigen Sinn, sondern lagen einfach auf Strohmatratzen. Darauf schlief man allerdings mindestens genauso gut, wenn wir auch oftmals mit vier Kindern zusammen schliefen. Wenn es regnete, nutzte ich gerne das Wasser, das aus der Dachrinne schwappte, als Dusche. Ansonsten badeten wir in der Hornister, einem Bach in der Nähe. Gegessen wurde anfangs noch aus

Die Familie Aust zu Pfingsten 1939.

einem großen Topf, der mitten auf dem Tisch stand. Es war nicht ungewöhnlich, daß wir uns mit mehreren Freunden aus dem Dorf im gleichen Zimmer aufhielten, in dem zur gleichen Zeit unsere Eltern im Bett lagen. Und ich muß sagen, daß bei uns irgendwie immer Betrieb war.
Viktor Aust, Sägewerksarbeiter, Jahrgang 1915

Wir Kinder schliefen in zwei Zimmern – eines für die Jungs und eines für die Mädchen. Dabei hatte allerdings nur mein ältester Bruder ein Bett für sich alleine, während sich mein jüngerer Bruder und ich, beziehungsweise meine beiden Schwestern, ein Bett teilen mußten. Genau wie heute gab es zwischen uns Geschwistern natürlich jede Menge Reibereien. Während ich mit meinen beiden jüngeren Geschwistern sehr gut zurechtkam, hatte ich mit meinem ältesten Bruder oft Probleme, denn wir waren sehr verschieden. Am liebsten spielte ich deshalb mit meiner jüngsten Schwester Domino oder Murmel. Man war einfach allgemein nichts Besseres gewohnt und folglich auch nicht so anspruchsvoll. Zum Beispiel war es für uns etwas ganz Besonderes, wenn die Mutter Streuselkuchen backte, auch wenn jeder davon nur eine Schnitte bekam.
Ludwig Hammer, Drechsler, Jahrgang 1906

Mein Großvater väterlicherseits, ein Schleifsteinfabrikant, hatte zusammen mit seinem Bruder ein kleines Haus gekauft. In diesem zweistöckigen Haus wuchs mein Vater zusammen mit 23 anderen Verwandten auf. Meine Tante ist übrigens die Mutter des ehemaligen DDR-Innenministers Friedrich Dickel. Ich habe ihm einmal eine Karte in den

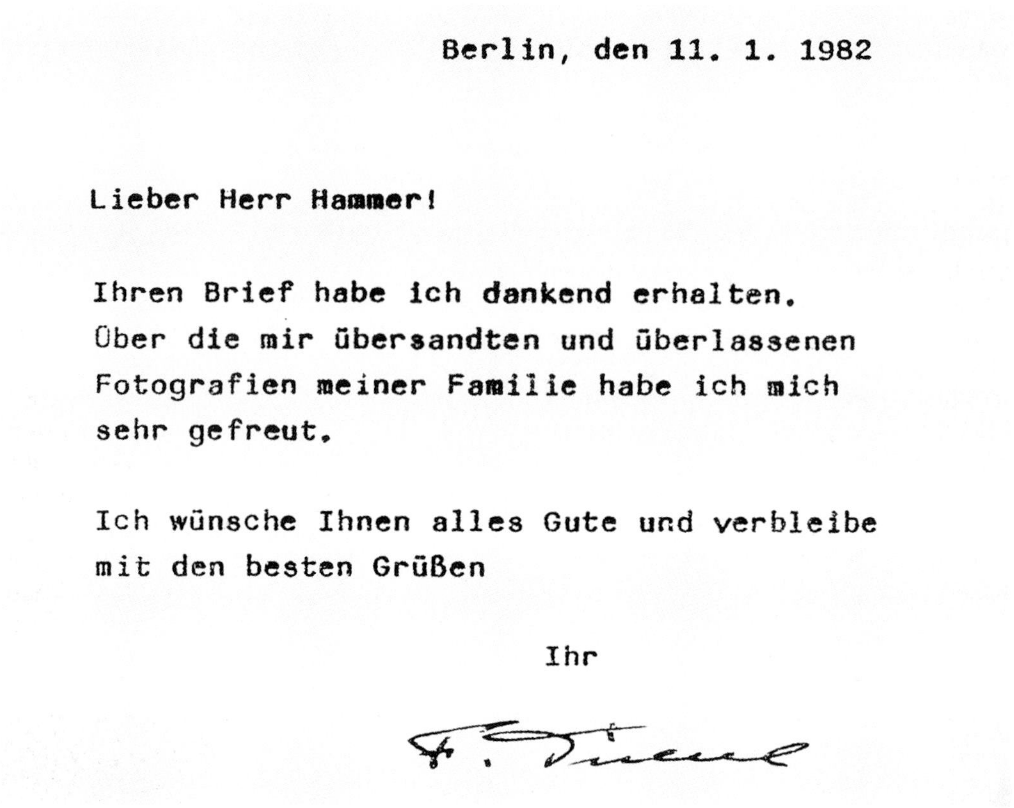

Berlin, den 11. 1. 1982

Lieber Herr Hammer!

Ihren Brief habe ich dankend erhalten.
Über die mir übersandten und überlassenen
Fotografien meiner Familie habe ich mich
sehr gefreut.

Ich wünsche Ihnen alles Gute und verbleibe
mit den besten Grüßen

Ihr

Das Antwortschreiben des ehemaligen DDR-Inneministers Friedrich Dickel an seinen Cousin Karl Hammer.

Osten geschrieben und erhielt prompt die Antwort: »Ich habe mich sehr über ihre Karte gefreut – Ihr Friedrich Dickel«. Nach der Wende ist er nochmal in den Westerwald gekommen, hat sich aber meines Wissens nicht in Baumbach blicken lassen.
Karl Hammer, erwerbsunfähig,
Jahrgang 1915

Trotz unseres großen familiären Zusammenhalts standen bei uns Kindern Streitereien auf der Tagesordnung. Geradezu unzählige Male habe ich mich mit meinem Bruder gerauft, mit dem ich bis zu meinem vierzehnten Lebensjahr das Bett teilen mußte. Oft haben wir uns gegenseitig zerkratzt, und auch mit den Fäusten wurde nicht immer zaghaft umgegangen. Richtig kleingekriegt habe ich meinen Bruder aber nie, obwohl er zwei Jahre jünger war als ich. Dazu war er einfach zu kräftig gebaut. Trotzdem habe ich natürlich versucht, meinen Rang als Oberhaupt solange wie möglich zu verteidigen. Wir waren damals wirklich keine Heiligen, doch in Gegenwart meiner Eltern kam so etwas niemals vor. Sobald jedoch mal andere hinzukamen, hielten wir wieder wie Pech und Schwefel zusammen.
August Hanz, Berufspolitiker,
Jahrgang 1925

Weder mein Vater noch meine Mutter waren sonderlich streng zu uns Kindern. Ich muß deshalb sagen, daß ich trotz aller Armut eine sehr schöne Kindheit hatte. Wir haben damals beispielsweise in Strohbetten geschlafen, die nicht unbequemer waren als die heutigen Matratzen. Regelmäßig wurde Stroh nachgefüllt, so daß man in den ersten Tagen das Bett hinaufklettern mußte, bis es mit der Zeit wieder flacher wurde. Nur samstags gab es ein frisches Hemd, das die ganze Woche über halten mußte. Man hatte einfach nicht die Zeit, öfter zu waschen. Ebenso verhielt es sich mit dem Baden. Einmal in der Woche wurde eine Bütte mit heißem Wasser gefüllt, und darin wusch sich anschließend die gesamte Familie. Wer zuletzt dran war, hatte halt Pech und mußte sich im kalten, dreckigen Wasser baden. Man hat zwar viel arbeiten müssen, aber die Zeit war insgesamt nicht so hektisch wie heute. Man ist alles etwas geruhsamer angegangen.
Karl Hammer, erwerbsunfähig, Jahrgang 1915

Zur Zeit der Inflation 1923 herrschte auch bei uns im Westerwald sehr große Armut. Mein Vater war erwerbslos, und deshalb ging meine Mutter, wie viele Leute in Herschbach, nach Leipzig zum Handeln. Sie wurde von einem unserer Verwandten angelernt, der zuvor so lange gebettelt hatte, bis sie schließlich mitkam. Mein Vater hätte das wahrscheinlich nicht

Das Elternhaus von Viktor Aust, in dem er zusammen mit seinen elf Geschwistern aufwuchs.

gekonnt, denn zum Handeln braucht man schon gewisse Fähigkeiten, die er nicht besaß. Wir Kinder, das heißt meine Schwester und meine beiden älteren Brüder, wurden zu Verwandten geschickt. Ich kam also mit gerade mal vier Jahren zu meiner Tante, die selbst noch keine Kinder hatte. Meine Mutter kam nur alle drei Monate nach Hause. Dann gab es für uns endlich mal wieder etwas Richtiges zu essen. Es hatte sich auch immer eine ganze Menge Wäsche angestaut, so daß meine Mutter oftmals eine volle Woche nur mit Waschen beschäftigt war. Man muß sich das damals so vorstellen, daß draußen ein Kessel stand, der geheizt wurde, um heißes Wasser zu bekommen. Dann wurden die Kleider stundenlang auf einem Waschbrett gerieben. Nicht selten hatte meine Mutter danach wunde Hände. Zum Schluß wurde die Wäsche schließlich in der Sonne gebleicht. Wenn meine Mutter wieder mit dem Zug wegfuhr, stellte ich mich hinter den Bahnhof und weinte. Ohne sie hatte ich ja auch niemand, der mir bei den Hausaufgaben helfen konnte, denn mein Vater arbeitete selbstverständlich auf dem Feld oder im Stall. Also habe ich oft einfach bei anderen abgeschrieben, zumal ich selbst auch immer in der Landwirtschaft mithelfen mußte.
Richard Holzbach, Landwirt, Jahrgang 1919

Mein Vater starb, als ich elf Jahre alt war, an einer Bergarbeiterkrankheit. Er hatte in Holzappel in einer Zinn- und Bleigrube gearbeitet. Dort wurde man nur selten älter als 50 Jahre. So wuchs ich mit meiner älteren Schwe-

In diesem Haus in Gackenbach verbrachte Wilhelm Weis zusammen mit Mutter und Schwester seine Kindheit.

August Hanz (zweiter von rechts) mit seiner Familie, die gerade in schwierigen Zeiten fest zusammenhielt.

ster als Halbwaise auf. Dabei mußte unsere Mutter mit 21 Mark Rente auskommen. Nachdem meine Schwester später geheiratet hatte, übernahm mein Schwager unsere Landwirtschaft. So haben wir zumindest nicht gehungert. Ansonsten haben wir uns irgendwie durchgeschlagen. Ich habe zum Beispiel noch lange Zeit bei meiner Mutter schlafen müssen. Fleisch gab es nur samstags, wenn der Metzger vorbeikam. Dazu haben wir einmal im Jahr auch selbst geschlachtet. Bei der Gelegenheit kam auch meine Lieblingsspeise, nämlich eingelegtes Eisbein, auf den Tisch.
Wilhelm Weis, Versicherungskaufmann, Jahrgang 1921

Erziehungsmethoden

Meine Frau glaubt es mir heute noch nicht, aber ich habe meinem Vater, bis ich zur Armee kam, kein einziges Mal widersprochen. Der Gedanke dazu wäre mir aufgrund seiner Autorität erst gar nicht gekommen. Ernsthafte Diskussionen hatte ich mit ihm erst nach meiner Rückkehr aus der Gefangenschaft. Ein Lob habe ich soweit ich weiß nie von ihm erhalten. Auch als ich in seiner Abwesenheit praktisch als Vollerwerbskraft die Familie ernährt habe, wurde das als selbstverständlich angesehen. Doch trotz aller Strenge war er immer ein guter Vater, dem ich sehr viel zu verdanken habe. Alles in allem erhielt ich eine Erziehung fürs Leben.
August Hanz, Berufspolitiker, Jahrgang 1925

Richard Holzbachs Vater – hier auf einer Feldpostkarte aus dem Ersten Weltkrieg – führte zu Hause ein strenges Regiment.

Bei immerhin zwölf Kindern mußte natürlich eine gewisse Ordnung herrschen. Aber ich muß sagen, daß weder mein Vater noch meine Mutter besonders streng zu uns Kindern gewesen sind. Dafür übernahmen die älteren Kinder oftmals die Aufsicht über die jüngeren. Dabei spielte es keine Rolle, ob es sich um ein Mädchen oder einen Jungen handelte. Bei uns führte meine älteste Schwester Thekla das Regiment. Deshalb nannten wir sie immer den »Gendarm«. Wenn wir zum Beispiel auf dem Feld nicht spurten oder Blödsinn machten, konnte es schon mal vorkommen, daß sie den Rechen umdrehte und uns damit heftig auf den Rücken schlug. Entsprechend gefürchtet war sie denn auch.
Viktor Aust, Sägewerksarbeiter, Jahrgang 1915

Mein Vater hat bei uns zu Hause ein strenges Regiment geführt. Schläge waren, bis ich schließlich eingezogen wurde, an der Tagesordnung. Ich denke sehr ungern an ein Ereignis zurück – ich war damals bereits 19 Jahre alt –, als ich beim Sähen versehentlich einen Sack verschüttet hatte. Er kam daraufhin zu mir und hat mit der Peitsche so lange auf mich eingeschlagen, bis ich schließlich weggelaufen bin. Ich hatte solche Angst, daß ich mich nicht traute, abends nach Hause zu gehen. Deshalb entschloß ich mich dazu, lieber im Stall zu schlafen. Eine ähnliche Situation ergab sich später bei meinem ältesten Bruder. Er war irgendwann einmal sonntags Fußball spielen gegangen, obwohl mein Vater es ihm verboten hatte. Anschließend ist er ganze acht Tage nicht mehr zu Hause aufgekreuzt.
Richard Holzbach, Landwirt, Jahrgang 1919

Ich war drei Jahre alt, als meine Mutter an einer Lungenentzündung starb. Das war 1922. Wir waren drei Kinder, und meine Tante hat uns dann zu sich genommen. Ich kann mich gut daran erinnern, daß ich damals jeden Abend, wenn es dunkel wurde, weggerannt bin. Ich nehme an, daß es einfach daran lag, daß mir die Mutter fehlte. Eine richtige Familie waren wir nämlich keine, denn meine Tante war leicht behindert und fühlte sich dadurch wohl zurückgesetzt. Das hat sie oft an uns Kindern ausgelassen. Also hatten wir alle drei keine

schöne Kindheit und Jugend. Glücklich mit seinem Leben als Witwer war mein Vater mit Sicherheit auch nicht, aber geheiratet hat er nicht mehr. Zu uns war er immer sehr, sehr streng, so daß besonders meine beiden Brüder oftmals Schläge bekamen. Ich durfte abends nach sieben Uhr nicht mehr weg, es sei denn, ich wollte in die Sühneandacht. Als 1939 der Krieg ausbrach – ich war zu der Zeit schon 20 Jahre alt –, durfte ich abends immer noch nicht weggehen.
*Frieda Schneider, Hausfrau,
Jahrgang 1919*

Als ich am 6. November 1914 in Unnau geboren wurde, befand sich mein Vater bereits in französischer Kriegsgefangenschaft. Die Kriegszeit selbst habe ich natürlich nicht bewußt erlebt. Meine Erinnerungen beginnen erst, als er 1919 zurückkehrte. Er war ein strenger Mann, der uns Kinder ständig unter Druck hielt. Dazu kam, daß ich ihn damals eigentlich als einen Fremden betrachtete, ich hatte ihn ja vor meinem fünften Lebensjahr noch nie gesehen. Ich konnte nach seiner Rückkehr gar nicht glauben, daß er mein Vater sein sollte. Irgendwie hatte ich mir darunter etwas anderes vorgestellt, zumal er, wie bereits gesagt, sehr streng mit uns war. Folglich hatten wir auch keinen sonderlich engen Kontakt, was um so schlimmer wurde, als 1924 auch noch meine Mutter starb. Danach

Die Großfamilie Mies kurz vor Ausbruch des Ersten Weltkriegs.

wohnte ich mit meinem Vater, meiner Großmutter und den beiden Geschwistern zusammen. Da gab es natürlich immer Brennpunkte, und die ganze Situation ging mir sehr unter die Haut. Wenn nach der Schule alle Jungs zum Spielen auf den Fußballplatz liefen, mußte ich immer in der Landwirtschaft helfen. Einmal hatten wir einen Pfarrer aus Sumatra im Ort, dem ich dann zu allem Überfluß auch noch zur Hand gehen mußte.
Albrecht Schütz, Landwirt,
Jahrgang 1914

Kinderpflichten

Für uns Kinder war es ganz normal, daß wir in der Landwirtschaft mithelfen mußten. Schließlich war ja unser Vater im Krieg und wir auf uns alleine gestellt. Dadurch verzögerte sich bei uns auch immer die Kartoffelernte. Während man sie heute fast noch im Sommer einbringt, zog sich die Ernte bei uns bis in den Winter, so daß meistens schon Schnee lag. Dementsprechend froren wir auch und versuchten deshalb, uns bei der Arbeit etwas zu erwärmen. Zu diesem Zweck liefen wir solange im Feld herum, bis uns warm genug war, die Kartoffeln mit dem Dreizack auszugraben.
Klara Wolf, Schneiderin,
Jahrgang 1911

Bei der Kartoffelernte mußte die gesamte Familie mit anpacken. Ganz links: Agnes Wirth.

Ferdinand Schmidt (oben links) mit seiner Straßenfußball-Mannschaft.

Es war in meiner Kindheit eine Selbstverständlichkeit, daß wir Kinder in der Landwirtschaft mitarbeiteten. Zum Beispiel war es immer unsere Aufgabe, die Kartoffeln aufzulesen. Für einen kleinen Korb gab es ein paar Pfennige, für einen Großen vielleicht 1 Groschen. Das war allerdings lange nicht bei allen Kindern der Fall, so daß wir auch über dieses wenige Geld sehr froh waren. Ich muß aber sagen, daß wir auch genauso mitgeholfen hätten, wenn wir gar nichts dafür bekommen hätten, denn es hat uns irgendwie Spaß gemacht. Nach der Arbeit wurde dann nämlich immer ein Feuer gemacht, in dem anschließend Kartoffeln gebraten wurden.
*Hildegard Nilges, Hausfrau,
Jahrgang 1919*

Ich mußte von klein auf eigentlich immer in der Landwirtschaft mithelfen. Das ging im Sommer von morgens früh bis abends. Die Arbeit war zwar sehr anstrengend, aber ich habe es trotzdem stets gerne getan, im Gegensatz zu meinen beiden Brüdern, die nur Dummereien im Kopf hatten. Ich kann mich daran erinnern, daß sie beim Setzen die Saatpflanzen oft mit den Blättern in den Boden gesteckt haben. Das hätte ich natürlich nicht meinem Vater erzählen dürfen, denn ansonsten hätte ich von meinen Brüdern Prügel bezogen.
*Richard Holzbach, Landwirt,
Jahrgang 1919*

Aufgrund seiner Weltkriegserfahrung wurde mein Vater 1939 bereits zwei

Tage vor Kriegsbeginn eingezogen und im Saarland stationiert. Also mußte ich mit meinen gerade mal 14 Jahren dessen Rolle zu Hause einnehmen. Wenn alle anderen Jungs spielen gingen, mußte ich nun arbeiten. Außerdem mußte ich im Haushalt mithelfen. Lediglich das Putzen der Treppe lehnte ich ab, damit mich meine Kameraden nicht auslachten. Allerdings beherrsche ich zu der Zeit auch schon alle landwirtschaftlichen Fähigkeiten bis auf das sogenannte »Dengeln«. Darunter verstand man das Schärfen der Sense mit Hilfe eines speziellen Dengel-Hammers, im Gegensatz zum wesentlich einfacheren Schärfen am Schleifstein. Spaß hat mir die Arbeit in der Landwirtschaft allerdings nicht gemacht. Veranlaßt dazu hat mich lediglich mein Pflichtgefühl gegenüber der Familie. Überhaupt zeichneten wir uns durch einen ungewöhnlich starken Familiensinn aus, der durch die Erfahrungen im Dritten Reich noch zusätzlich verstärkt wurde.
August Hanz, Berufspolitiker,
Jahrgang 1925

Wir hatten immer so etwa drei, vier Kühe im Stall, und da mußte man natürlich auch als Kind mithelfen. Da wir mit den Tieren aufgewachsen waren, konnten wir sehr früh gut mit ihnen umgehen. Unsere Aufgabe als Kinder war es zum Beispiel, die Kälber auf die Weide zu treiben. Das verlief jedoch nicht ganz problemlos, wie man sich denken kann, denn die Tiere taten ja nicht immer unbedingt das, was man von ihnen verlangte. Ansonsten haben wir auch die Tiere gefüttert und andere leichte Arbeiten übernommen.
Viktor Aust, Sägewerksarbeiter,
Jahrgang 1915

Schulzeit

Wer heute einen Blick in die Klassenzimmer zwischen Kaiserreich und Wirtschaftswunder wirft, der wird unzweifelhaft feststellen, daß antiautoritäre Erziehung damals noch kein Thema gewesen ist. Auch wenn besonders die Frauen viel Gutes über ihre Lehrer zu berichten haben, standen Prügelstrafen bei vielen Pädagogen noch auf der Tagesordnung. Betroffen waren hiervon in der Regel die Jungs, denen die schmerzhaften Stockschläge noch lebhaft in Erinnerung geblieben sind. Aus der Lehrerperspektive ergibt sich natürlich ein etwas anderes Bild: Es galt nicht nur mehrere Jahrgänge in einer großen Klasse gleichzeitig zu unterrichten, sondern neben Schülerstreichen auch schon einmal die Vorwürfe wütender Väter über sich ergehen zu lassen.

Eine Herschbacher Schulklasse. In der oberen Reihe ist (als siebter von rechts) Richard Holzbach zu erkennen.

Schule im Wandel der Zeit

Im Klassenzimmer hing ein Bild unseres Kaisers Wilhelm. Wir mußten auch als Schüler das Gedicht »Der Kaiser ist ein guter Mann« auswendig lernen. An seinem Geburtstag im Januar, den ich im Jahr 1913 und 1914 miterlebte, bekamen wir alle einen Butterweck, den wir mit nach Hause nehmen durften. Als Kind stellte ich mir unter der Person des Kaisers jemanden vor, der alles weiß, alles kann und vor allem auch alles hat. Ich kann mich daran erinnern, daß mein Vater als großer Bewunderer Wilhelms II. eines Tages mit seinem Freund nach Koblenz gefahren ist, um ihn dort zu sehen. Ansonsten ist mir aus der Schulzeit besonders das Kriegsende 1918 in Erinnerung geblieben, denn damals hatten wir Kinder schulfrei. Zuerst wurden im Schulgebäude deutsche Soldaten untergebracht, die von der Front zurückkamen. Danach wurde die Schule gesäubert, und wir hatten wieder 14 Tage Unterricht. Anschließend marschierten allerdings die Amerikaner ein, und wir mußten wieder heraus. Als Kinder hat uns das natürlich sehr gut gefallen, wenn ich auch heute denke, daß wir dadurch sehr viel versäumt haben.
Ludwig Hammer, Drechsler, Jahrgang 1906

Bis 1939 ging ich ins Kaiser-Wilhelm-Gymnasium in Montabaur, eine äußerst konservative Lehranstalt, deren Lehrer damals fast durchweg der Zentrums-

Ferdinand Schmidt (oben links) mit seinem Abiturjahrgang am Kaiser-Wilhelm-Gymnasium Montabaur, 1939.

partei angehörten. Prekär wurde es dann jedoch kurz nach 1933, als unsere alten Lehrer gegen neue, dem Nationalsozialismus nahestehende ausgetauscht wurden. Trotzdem blieben sie im katholischen Montabaur eine kleine Minderheit. Dazu gibt es auch einige nette Geschichten. Beispielsweise haben wir unseren Zeichenlehrer, der auch das NSDAP-Parteiabzeichen trug, immer geärgert. Einmal haben wir ihn sogar mit Äpfeln beworfen und sind dann weggelaufen. Er ist uns dann auf der anderen Seite des Schulgebäudes entgegengekommen, hat auf sein Parteiabzeichen gezeigt und gesagt: »Unter diesem Zeichen habt ihr gesündigt, unter diesem Zeichen müßt ihr Buße tun.«
Ferdinand Schmidt, Arzt,
Jahrgang 1921

Wir erhielten in den späten dreißiger Jahren einen neuen Lehrer, der Mitglied der NSDAP war. Er ist mir allerdings als sehr engagierter Pädagoge in Erinnerung geblieben. Obwohl ich damals keine HJ-Uniform trug, wurde ich sein Lieblingsschüler. Nach dem Krieg, als er aufgrund seiner Parteizugehörigkeit aus dem Dienst suspendiert wurde, habe ich mich sogar für ihn eingesetzt. Die Vermittlung nationalsozialistischer Ideologie stand bei ihm nie im Vordergrund. In dem Zusammenhang kann ich mich nur an die Lektüre »Hilf mit« erinnern, die damals als Grundlage des Deutsch- und Geschichtsunterrichts diente. So derbe Hetze wie zum Beispiel im »Stürmer« gab es dort allerdings auch nicht.
August Hanz, Berufspolitiker,
Jahrgang 1925

Die Schule, an die ich direkt nach dem Krieg als Dorflehrer kam, entsprach selbstverständlich nicht den heutigen Anforderungen. Während des Krieges hatte sie als Gefangenenlager gedient, so daß man ins Jugendheim hatte ausweichen müssen. Geheizt wurde da im Winter mit Hilfe von Kohleöfen, die mit Braunkohle betrieben wurden. Dabei handelte es sich nicht etwa um Briketts, sondern einfach um feuchte Brocken, die beim Verbrennen fürchterlich stanken. Darüber hinaus hatten wir Probleme mit Schulbüchern aus der Nazizeit, die nicht mehr benutzt werden durften. Da Hefte für die Mehrzahl der Schüler zu teuer waren, erlaubte ich ihnen, leere Blätter aus den Gemeindeakten zu benutzen, die auf dem Speicher der Schule lagerten. Mit den Schülern selbst hatte man keine so große Mühe wie heute, da sie im allgemeinen disziplinierter waren und man damals als Lehrer auch noch etwas strenger sein durfte.
Oswald Schafrick, Lehrer,
Jahrgang 1910

Gottesdienst, Unterricht, Pause

Zu meiner Schulzeit – ich bin 1928 eingeschult worden – waren wir in Meudt in drei Klassen unterteilt, wobei die ersten drei Jahrgänge aus den Kleinen bestanden. Die Buben und Mädchen waren anfangs getrennt, sind dann allerdings irgendwann zusammengefaßt worden. Im Mittelpunkt stand bei uns der Religionsunterricht. Morgens gingen wir als erstes in die Kirche, und danach fragte uns der Lehrer, wer denn in dem Gottesdienst gefehlt habe. Ausreden waren da keine zugelassen. Unser

Vor einer Theateraufführung an der Volksschule Montabaur, 1933.

Lehrer Mollert sagte in solchen Fällen einfach immer, man habe zu lange geschlafen.
*Agnes Wirth, Hausfrau,
Jahrgang 1922*

Da wir zu Hause Landwirtschaft hatten, erhielt ich jeden Tag Brote mit Schinken oder Käse mit in die Schule. Dafür hatte ich neben dem Schulranzen eigens ein kleines Täschchen. In der Pause wurde dann immer groß getauscht. Manche Mütter brachten ihren Kindern Reibekuchen oder Pfannkuchen, die anschließend oft den Besitzer wechselten. Einige mochten nämlich lieber Brote, während jeder Tag, an dem es Pfannkuchen gab, für mich ein Feiertag war. Wer da nichts zu bieten hatte, ging natürlich leer aus.
*Hildegard Nilges, Hausfrau,
Jahrgang 1919*

In den ersten Jahren war meine Schulzeit recht unproblematisch, bis ich im Alter von zehn Jahren einen Unfall hatte. Ich stürzte die Treppe bei uns zu Hause hinunter und stieß dabei mit dem Kopf mit voller Wucht gegen eine Wand. Mein Arzt hielt eine Behandlung damals für unnötig, doch von dem Zeitpunkt an hatte ich in der Schule Probleme. Immerhin waren alle unsere Lehrer ganz gut. Ansonsten kann ich mich erinnern, daß die meisten Schüler keine Schulranzen

besaßen, sondern ihre Bücher mit einem Riemen zusammengebunden hatten. Schließlich waren die Fabrikanten, das heißt die Familien Euler, Korzilius, Tillburg und Letschert, die einzigen im Ort, die sich etwas mehr leisten konnten.
Karl Hammer, erwerbsunfähig, Jahrgang 1915

In die Schule bin ich immer sehr gerne gegangen und war eigentlich auch eine gute Schülerin. Im Prinzip wurden damals die gleichen Fächer unterrichtet wie heute, wobei Lesen, Rechnen und Schreiben natürlich im Vordergrund stand. Die Gedichte, die wir in Deutsch lernen mußten, kann ich auch heute noch. Dazu gab es noch Geschichte, Erdkunde, Handarbeit, Religion und Musik. Im Turnen wurden nur die Jungs unterrichtet, die Mädchen nicht. Für gewöhnlich gab der Lehrer einem oder zwei Jahrgängen Aufgaben und ging dann zur nächsten Gruppe.
Frieda Schneider, Hausfrau, Jahrgang 1919

Im ersten und zweiten Schuljahr wurden wir dem Alter entsprechend im Klassenraum verteilt. Da ich der Jüngste war, saß ich in der letzten Reihe. Vor mir waren die, die sitzengeblieben waren. Nach zwei Jahren hatte ich mich aber bei unserer Lehrerin Kurtenacker nach und nach bis an die fünfte Stelle vorgearbeitet. Doch ausgerechnet da bekam ich einen neuen Lehrer, der wirklich ein schrecklicher Mann war. Er quälte uns am liebsten mit Gedichten, die wir auswendig lernen mußten. Wer

Eine Schulklasse in Ransbach, um 1950.

sie nicht richtig betonen konnte, erhielt dafür Schläge.
*Ludwig Hammer, Drechsler,
Jahrgang 1906*

Ich hatte mal mit einem guten Freund in der Pause Streit, wie das unter uns Jungs nicht selten der Fall war. Beim Pfiff des Lehrers zum Antreten versetzte er mir einen heftigen Tritt, der mir noch während des Unterrichts weh tat. Ich war so voller Wut, daß ich einen Klassenkameraden bat, eine Latte aus dem Schulzaun zu reißen, um ihn damit verdreschen zu können. Ohne zu zögern schlug ich meinem Peiniger nach der Stunde zornig an die Stirn, die sofort stark blutete. In der Latte steckte ein Nagel, der jedoch zum Glück gekrümmt war, so daß die Verletzung glimpflich ablief. Mir graut immer noch davor, was dabei hätte passieren können. Ich erinnere mich noch gut an die Prügel, die ich dafür bezog, denn kein Körperteil blieb verschont.
*August Hanz, Berufspolitiker,
Jahrgang 1925*

Meine Schulzeit habe ich eigentlich in bester Erinnerung. Als gute Schülerin konnte ich mir etwas mehr erlauben als die anderen. Allerdings haben schlechtere Mitschüler oft bei mir abgeschrieben, so daß wir bei den Aufsätzen dann immer das gleiche geschrieben hatten. Das wußte unser Lehrer genau und hat stets zuerst die anderen vorlesen lassen und mich zuletzt. So wiederholte ich praktisch nur die vorangegangenen Aufsätze und bekam schließlich als einzige eine Strafe. Deshalb habe ich später niemanden mehr abschreiben lassen.
*Klara Wolf, Schneiderin,
Jahrgang 1911*

Mit seinen makellosen Zeugnissen machte August Hanz frühzeitig auf sich aufmerksam. Sein Eintritt in die NS-Eliteschule NAPOLA scheiterte jedoch am Veto von Vater und Pfarrer.

Zu der Arbeit in der Landwirtschaft kam für uns Kinder selbstverständlich die Schule. Vorher mußten wir sogar noch jeden Tag in die Kirche, die morgens um sieben Uhr stattfand. Das hat uns nicht immer so gut gefallen. Immerhin hat der Pfarrer damals meinen Eltern empfohlen, mich doch studieren zu lassen, da ich ein ganz guter Schüler war. Leider haben meine beiden ältesten Brüder, die bereits arbeiteten, ihr ganzes Geld verlebt, statt damit, wie es damals üblich war, zum Unterhalt der Familie beizusteuern. Somit konnten wir uns ein Studium nicht leisten.
Viktor Aust, Sägewerksarbeiter, Jahrgang 1915

Jeden Morgen gingen wir noch vor der Schule um sieben Uhr in die Kirche. Nach dem Gottesdienst mußten wir uns aufstellen und marschierten dann geschlossen zur Schule. Natürlich hatten wir nicht immer unsere Hausaufgaben gemacht, so daß wir die Kirche schon mal geschwänzt haben. Da wir von unseren Eltern natürlich morgens kontrolliert wurden, sind wir an solchen Tagen auf den Kirchhof gegangen, um dort unsere Aufgaben noch schnell runterzuschreiben.
Ludwig Hammer, Drechsler, Jahrgang 1906

Schülerstreiche und Prügel

Ich weiß nicht mehr genau weshalb – wahrscheinlich hatte ich in der Stunde geredet –, doch einmal bekam ich mit einem Riemen von meinem verhaßten Klassenlehrer zwei Schläge auf meine Hand, die unglaublich weh getan haben. Ich hatte solche Angst vor ihm, daß ich nicht einmal mehr gewußt hätte, wieviel 1 und 1 sind, wenn er mich gefragt hätte, obwohl ich ansonsten sehr gut im Rechnen war. Nachdem ich einmal eine Stunde gefehlt hatte, fragte er mich in der nächsten Stunde, was man auf einen Wechsel schreiben würde. Da ich ja in der Stunde, in der wir das besprochen hatten, nicht da gewesen war, wußte ich natürlich keine Antwort. Dafür wurde ich von ihm mitten ins Gesicht geschlagen. Im Krieg hatten wir zur Freude der Kinder nicht mehr so oft Schule. Unser Kaplan, der als Ersatz für unseren eingezogenen Lehrer den Unterricht teilweise übernahm, wußte nämlich nicht so recht, was er mit uns anfangen sollte.
Ludwig Hammer, Drechsler, Jahrgang 1906

Trotz der großen Klassen kam eigentlich nie Unruhe auf. Dafür sorgten die Lehrer schon. Prügel oder andere Strafen bezogen eigentlich immer wieder dieselben. Meistens handelte es sich dabei um Außenseiter, die schon mal die Mädchen auf dem Schulhof ärgerten oder dem Lehrer den Zeigestock kaputt machten. Es gab allerdings auch richtig gute Lehrer. Einen von ihnen konnte ich damals so gut leiden, daß ich todunglücklich war, als er später weggegangen ist.
Frieda Schneider, Hausfrau, Jahrgang 1919

Ich habe damals einmal ein Mädchen in der Pause etwas unsanft geschubst. Dafür erhielt ich anschließend mehrere Stockschläge auf die Finger. Das hat höllisch weh getan. Ich kann mich

Wilhelm Weis bei der Stillarbeit an seinem Schreibpult.

noch heute an die Schmerzen erinnern. Außerdem wurde ich des öfteren von meinem Lehrer beschuldigt, abgeschrieben zu haben. In Wahrheit war ich jedoch in allen Fällen der einzige, der die Hausaufgaben gemacht hatte. Es half aber nichts, und am Ende blieb alles an mir hängen, denn ich habe nie andere verraten. Hatte ich dann mal nachweislich die Hausaufgaben alleine gemacht, sagte mein Lehrer, auch ein blindes Huhn fände einmal ein Korn.
Wilhelm Weis, Versicherungskaufmann, Jahrgang 1921

Es kam eigentlich sehr selten vor, daß ich einmal einen Schüler geschlagen habe, und dann zumeist wegen Faulenzerei. Die Mädchen habe ich im allgemeinen davon verschont. Eines Tages jedoch schlug eine Schülerin einen Jungen, der zufällig gegen sie gestoßen war, mit ihrem Gipsarm auf den Kopf. Da bekam sie von mir eine Ohrfeige und war daraufhin so aufgebracht, daß sie sofort nach Hause zu ihrem Vater lief. Der war ein ehemaliger Metzger, und es dauerte keine Stunde, bis er in der Schule war, um mit mir abzurechnen. Er platzte einfach so in den Unterricht hinein. Ich schrieb gerade eine Rechenarbeit, und er eilte ohne ein Wort auf mich zu, um mir ins Gesicht zu schlagen. Ich konnte aber zum Glück ausweichen, so daß er mich nur am Ohr traf. Im Moment der Überraschung griff ich zu einem Stuhl und schlug ihm damit auf

den Schädel. Er lag dann flach vor mir und stand nicht mehr auf, so daß ich ihn an den Armen gepackt habe, um ihn aus der Klasse herauszutragen. Es gab natürlich einen Prozeß, in dem die gesamte Klasse als Zeuge aussagen mußte. Die einzige Frage, die ihnen immer gestellt wurde, war: »Wer war der Sieger?« Doch trotz meines KO-Schlags wurde der Vater schließlich zu einer hohen Geldstrafe verurteilt, weil er einfach in die Schule eingedrungen war und mir Notwehr attestiert wurde. Er hat im übrigen seinen Fehler später auch eingesehen, und wir haben den Streit bei einem kleinen Trinkgelage in der Gastwirtschaft Simon beigelegt.
*Oswald Schafrick, Lehrer,
Jahrgang 1910*

Obwohl wir generell eigentlich gute Lehrer hatten, gab es ab und zu auch mal Schläge. Das betraf in der Regel die Jungs, wenn sie in der Stunde Blödsinn machten. In solchen Fällen setzte es Schläge mit dem Haselnußstock. Allerdings haben die Kerle oft einfach Kerben in die Stöcke geschnitzt, so daß sie schließlich oft schon beim ersten Schlag durchbrachen. Dann wurde ein neuer Stock geholt, und der brach auf wundersame Weise auch wieder durch. Dabei sind den Lehrern schon mal die Stöcke ausgegangen.
*Klara Wolf, Schneiderin,
Jahrgang 1911*

Unser Lehrer Eberz war immer recht streng mit uns. Er stand häufig an der

Eine Klasse der Großholbacher Schule mit ihrem Lehrer Eufinger.

Tafel und damit mit dem Rücken zu uns, so daß wir die Gelegenheit oftmals zu Albernheiten nutzten. Ich kann mich sehr gut daran erinnern, daß er mich nach einem solchen Vorfall einmal derart auf die Backen gehauen hat, daß ich dachte, ich müßte umfallen. Eine andere Lehrerin hat ihre Schüler häufig auch grundlos mit dem Rohrstock auf die Hände geschlagen. Es gab allerdings auch andere, weit weniger strenge Lehrer. So konnte sich mein Bruder Erhard sogar einmal erfolgreich weigern, sein Taschenmesser abzugeben. Statt dessen ist er einfach aus der Klasse gerannt und nach Hause gelaufen.
Richard Holzbach, Landwirt,
Jahrgang 1919

Stockschläge waren damals durchaus üblich. Wir hatten eine Lehrerin, die uns, wenn wir frech waren, auf die Finger gehauen hat. Die hat man meistens automatisch zurückgezogen, denn die Schläge waren natürlich sehr schmerzhaft. Wir haben der Lehrerin das aber auch manchmal mit Streichen heimgezahlt. So hat zum Beispiel eine Mitschülerin einmal den Stuhl am Pult so gestellt, daß unsere Lehrerin damit kopfüber umgekippt ist. Sie konnte die Täterin nicht einmal bestrafen, weil sie nicht wußte, wer ihr den Streich gespielt hatte.
Agnes Wirth, Hausfrau,
Jahrgang 1922

Wenn ich als Kind aus der Schule kam, ging es zumeist direkt nach dem Essen raus ins Feld zum Arbeiten. 1926 oder 1927 hatten wir uns mit sechs Bauern eine mobile Dreschmaschine besorgt. Gedroschen wurde immer vor dem ersten Schnee, nachdem die Ernte im Herbst eingelagert worden war. Daran waren dann vier oder fünf Mann beteiligt, die ihren Nachbarn unentgeltlich halfen. Allerdings wurden oft mehr Helfer benötigt, so daß auch ich schließlich mitarbeiten sollte. Dafür mußte ich bei meinem Lehrer um Urlaub bitten. Also ging ich morgens noch vor der Schule zu ihm. Ich kann mich noch gut daran erinnern, wie ich die Glocke läutete, der Lehrer die Tür aufriß und mir, noch bevor ich »Guten Morgen« sagen konnte, einfach auf die Backe schlug. Später in der Schule fragte er mich erst, was ich von ihm wollte. Meine Bitte um Urlaub wies er jedoch ab und sagte, es seien genug Leute zum Dreschen da. Ich hätte damals vor Wut die Scheune anstecken können.
Albrecht Schütz, Landwirt,
Jahrgang 1914

Pfarrer, Zentrum und Vereinshaus

In Zeiten schwindenden gesellschaftlichen Einflusses der Kirche erscheint deren früher überragende Stellung im Leben der Menschen für viele jüngere Menschen geradezu fremd. Insbesondere in katholischen Gemeinden konnte der Dorfpfarrer seine beinahe unumschränkte Autorität lange Zeit bewahren. Nicht unbedingt immer zur Freude einiger Zeitzeugen, die als Kinder den sonntäglichen »Sperrstunden« beziehungsweise dem täglichen Gottesdienst vor der Schule nur wenig abgewinnen konnten. Dabei spielte die Verwurzelung im konfessionellen Milieu nicht nur im alltäglichen Bereich eine bedeutende Rolle, ihr kam auch auf politischer Ebene großes Gewicht zu. So blieb der überwiegend katholische Westerwald denn auch bis 1933 fest in der Hand des Zentrums. Hier konzentrierte sich der Widerstand gegen den Nationalsozialismus, was in nicht wenigen Fällen zu ernsthaften Konflikten mit den braunen Machthabern führte.

Richard Holzbach (vorne rechts) bei der Hochzeit seines ältesten Bruders Erhard vor der Salzer Kirche.

Meine Mutter war äußerst fromm. Sie war lange Jahre Vorsitzende des Müttervereins und darüber hinaus auch bei der Caritas tätig. Eigentlich war sie in allen katholischen Organisationen drin, die es gab. Jeden Morgen ging sie um sechs Uhr in die Kirche. Zum Glück mußte ich zu der Zeit in die Schule gehen, so daß meine Kirchenbesuche in der Regel auf Sonn- und Feiertage beschränkt blieben. Dazu gab es allerdings immer dienstags und freitags vor dem Unterricht einen Schulgottesdienst. Der war Pflicht seitens des Gymnasiums. Nach 1933 hat das jedoch aufgehört.
Ferdinand Schmidt, Arzt,
Jahrgang 1921

In unserer Region spielte die katholische Kirche eine sehr große Rolle. Deshalb waren wir auch fest in der Hand des Zentrums. Unser Pfarrer war ein besonders eifriger Anhänger der Partei. In Wahlkampfzeiten predigte er immer, man solle die Zentrumspartei wählen. Meine Eltern waren ebenfalls fromm, wenn auch nicht übertrieben. So mußten wir natürlich jeden Sonntag in die Kirche und dann in die Christenlehre gehen, eine Art Religionsunterricht. Sonderlich gerne sind wir dort jedoch nicht hingegangen, besonders dann nicht, wenn draußen schönes Wetter war.
Hildegard Nilges, Hausfrau,
Jahrgang 1919

Ludwig Hammer mit Gebetbuch und Rosenkranz bei seiner Kommunion, 1915.

Der Pfarrer war bei uns, wie damals üblich, die zentrale Figur in unserer Gemeinde. Trotzdem waren aber auch sie nicht immer ganz fehlerfrei, wie ich mich noch erinnern kann. Einer hat ganz gerne einen getrunken, obwohl er Zucker hatte. Für mich als Meßdiener bedeutete die Kirche allerdings eine gute Möglichkeit, mal aus Wirges herauszukommen. So sind wir einmal mit unserer Gruppe nach Köln und Wiesbaden gefahren. Wir fühlten uns dort damals wie im Ausland. Ich weiß noch genau, daß ich dort mit zwölf Jahren meine erste Banane gegessen habe.
Karl Hammer, erwerbsunfähig,
Jahrgang 1915

Schon angesichts der Tatsache, daß mein Vater als überzeugter Katholik der Zentrumspartei angehörte, spielte die Kirche eine entscheidende Rolle in meinem Leben. Das wurde besonders deutlich, als ich wegen meiner guten Noten für die Nationalsozialistische Erziehungsanstalt, die NAPOLA, ausgewählt wurde. Der Schulwechsel scheiterte nicht nur an meinem Vater, sondern auch einfach am Widerstand des Dorfpfarrers. Ich habe damals geweint, denn ich wäre gerne dorthin gegangen. Als Trost versprach mir der Pfarrer, meine Ausbildung aus seinem Vermögen zu finanzieren. Davon hat man später jedoch nichts mehr gehört.
August Hanz, Berufspolitiker, Jahrgang 1925

Agnes Wirth ganz in Weiß als Kommunionkind.

Immer wenn wir als Kinder Religionsunterricht hatten, mußten wir zu unserem Pfarrer von Herschbach nach Salz laufen. Wir hatten davor große Angst, denn Schüler, die seine Fragen nicht beantworten konnten, wurden direkt geschlagen. Deshalb haben wir auf dem Weg dorthin alles fleißig gelernt. Sobald wir aber dann vor dem Pfarrer standen, hatten wir vor lauter Angst schon wieder alles vergessen. Im Winter nahm jeder Schüler ein Holzscheit mit, damit wir heizen konnten und es warm in der Klasse hatten.
Richard Holzbach, Landwirt, Jahrgang 1919

Unnau liegt ja bereits im evangelischen Teil des Westerwalds. Dabei bildeten die »Vereinshäusler« eine eigene christliche Gemeinde innerhalb der Protestanten, die strenger waren und auch immer noch sind als die übrigen. Da sie sich besonders häufig zum Gottesdienst versammelten, hießen sie bei uns immer »die Feinen«, obwohl sie natürlich auch nichts Besseres waren als alle anderen. Alkohol war ihnen eigentlich verboten, aber im Dorf sagte man immer, sie tränken genauso viel wie alle anderen auch. Nur achteten sie stets darauf, daß sie keiner dabei sah.
Albrecht Schütz, Landwirt, Jahrgang 1914

Im Zusammenhang mit dem Nationalsozialismus kann ich mich an einen unglaublichen Vorfall erinnern. Damals wurde einigen Schülern des Bischöflichen Konvikts in Montabaur, die im »Neuen Deutschland«, einer katholischen Jugendorganisation für höhere Lehranstalten, geblieben waren, das Abitur wegen mangelnder Reife aber-

kannt. Dabei wurde ein Riesenaufwand betrieben, wobei sogar die Gestapo im Spiel war. Zwei von ihnen erhielten schließlich 1941, als sie beide in Rußland gefallen waren, im nachhinein das Reifezeugnis geschickt. In dem Schreiben hieß es, sie hätten sich nun mit ihrem »Heldentod« als reif erwiesen. Die Eltern haben die Benachrichtigung natürlich postwendend zurückgeschickt.
Ferdinand Schmidt, Arzt,
Jahrgang 1921

Ich wurde unglaublich fromm erzogen. Meine Mutter ließ mich sämtliche verfügbaren Gebetbücher durchlesen. Damit habe ich als Kind einen Teil meiner Kindheit verbracht. Ich wäre beinahe sogar ins Kloster eingetreten. Als ich dann aber die unbequemen Kleider in der Wäscherei eines Klosters sah, habe ich es mir anders überlegt. Natürlich mußte ich auch regelmäßig zur Beichte. Unser damaliger Pfarrer war ein gutmütiger Mann. Da man früher nicht wie heute einfach mit einem bestimmten Alter pensioniert wurde, behielt er sein Amt bis ins hohe Alter. Folglich war er gesundheitlich schon etwas beeinträchtigt. Deshalb gingen wir als Kinder auch gerne zu ihm zur Beichte, denn er legte uns stets nur die übliche Buße auf, egal was wir sagten. Ich nehme an, daß er nicht mehr richtig hören konnte und deshalb immer gleich reagierte. Das bedeutete jedoch nicht, daß wir mit einer kurzen Buße davonkamen. Da kamen schon so einige Vaterunser zusammen.
Klara Wolf, Schneiderin,
Jahrgang 1911

Es gab in meiner Kindheit noch keinerlei Autos im Dorf, so daß wir immer auf der Straße spielen konnten. Als ich noch kleiner war, spielten wir dort oft Klicker mit Glaskugeln. Später haben wir dann auch Fußball gespielt. Ich hatte es mit vier etwa gleichaltrigen Brüdern auch leicht, eine Mannschaft zu bilden. Nach sechs Uhr jedoch mußten wir die Straße verlassen, denn dann ertönte immer der Pfiff des Pfarrers. Danach war die Straße wie leer gefegt. Und wehe dem, der sich nicht daran hielt. Ein häufiger Ausspruch meiner Mutter war: »Was wird der Pfarrer wohl dazu sagen?« Ihm entging tatsächlich nichts, denn er versteckte sich jedesmal hinter einem Buchsbaum in der Nähe meines Elternhauses. Wer abends oder sonntags von ihm gesehen wurde, bekam am nächsten Tag vom Lehrer, der ja mit ihm unter einer Decke steckte, mindestens vier Stockschläge in der Schule. Ich muß sagen, er war uns wirklich kein guter Nachbar.
Viktor Aust, Sägewerksarbeiter,
Jahrgang 1915

1938 gehörte ich zu der letzten Jungschargruppe der Katholischen Jugend in Kirchähr. Innerhalb von 24 Stunden mußten wir dann allerdings Kirchähr verlassen, weil ein Erlaß des Reichsinnenministers Frick die katholischen Verbände kurzerhand verboten hatte. Damit waren wir gleichgeschaltet, und ich wurde später Mitglied der Pflicht-HJ. Die nächsten, die nach Kirchähr kamen, waren die Juden aus Montabaur, die dort konzentriert und interniert wurden.
August Hanz, Berufspolitiker,
Jahrgang 1925

Klara Wolf (zweite von rechts) bei ihrer Kommunion.

Wir hatten am Anfang in Meudt noch nicht einmal richtige Schuhe, sondern sind einfach auf Holzklötzen gelaufen. Darauf wurde ich oft angesprochen. Außerdem hatten wir auch keine Teller und Löffel, die bekamen wir dann zum Glück vom Bürgermeister. Einmal bekam ich sogar vom Pastor Besuch, und der fragte mich erst einmal, welcher Religion ich angehören würde. Ich war ja nun mal nicht katholisch, sondern protestantisch. Er brachte mir dann eine lieblos zusammengeknuddelte Tüte mit Mehl und sonst noch irgend etwas. Dazu erhielt ich einen Krug, auf dem in kleiner Schrift geschrieben stand: »Aus der alten Kirche, die man abgebrochen hat.« Der war also irgendwo gefunden worden. Ich hätte ihn später gerne zurückgegeben, aber es hat sich niemand darum gekümmert, bis der neue Pfarrer kam und darauf aufmerksam wurde, daß etwas fehlt. Als er jedoch erfahren hat, daß ich nicht katholisch bin, wollte er den Krug nicht mehr wiederhaben. Ich nehme an, daß ich ihn in den Augen des Pfarrers entweiht hatte.
Alma Schwensitzki, Hausfrau, Jahrgang 1914

Meine Kommunion ist mir eigentlich in keiner guten Erinnerung geblieben. Wie es damals oft üblich war, hatte mir meine Mutter lange vorher ein weißes Kleid zu diesem Anlaß gekauft. Als es schließlich soweit war, war es natürlich viel zu klein. Ich mußte es trotzdem tragen. Mensch, war mir das peinlich, denn man trug zu der Zeit ja noch lange Unterhosen, und die schauten nun unter dem Kleid heraus.
Klara Wolf, Schneiderin, Jahrgang 1911

Mein Vater stand in der Zentrumspartei rechts und war als solcher franzosenfeindlich. Diese Einstellung rührte wohl aus den Erfahrungen als französischer Gefangener im Ersten Weltkrieg her. Zum anderen hatte mein Großvater in der preußischen Garde gedient, eine Ehre, von der die Familie noch lange zehrte. Auch sonst war er sehr national eingestellt, ohne Sympathien für den zentrumsfeindlichen Nationalsozialismus zu hegen. Was die Juden anbetraf, wurde er erst richtig judenfreundlich, als die Nazis an der Macht waren und sowohl sie als auch Katholiken ver-

Weißer Sonntag in Gackenbach, 1930. Wilhelm Weis trägt Matrosenuniform und Mütze.

folgt wurden. Vorher hatten wir nur gelegentlich bei ihnen gekauft. Als ich 1933 zur Kommunion ging, kauften wir den Anzug bewußt in einem jüdischen Geschäft, obwohl davor ein SA-Mann stand. Später, als die Juden nichts mehr zu essen kaufen konnten, habe ich jeden Donnerstag zwei Brote in die Hecke unserer Straße gelegt, die dann von zwei jüdischen Mädchen aus Westerburg abgeholt wurden.
*August Hanz, Berufspolitiker,
Jahrgang 1925*

In bezug auf die Religion war Norken damals wie heute dreigeteilt. Etwa 35 Prozent waren Katholiken, der Rest Protestanten, die sich wiederum zur Hälfte in gemäßigte und strenggläubige, die sogenannten »Vereinshäusler«, unterteilen ließen. Mir wurde vom Sohn des Bürgermeisters angetragen, den Fußballverein zu übernehmen. Fußball war nicht sonderlich populär, aber von den »Vereinshäuslern« wurde er grundsätzlich abgelehnt. Kritikpunkt war, daß die Spiele sonntags stattfanden und man der Ansicht war, daß sonntags kein Sport betrieben werden sollte. Ein Teil der strengeren Katholiken waren generell dagegen, daß die Mädchen sich in Sportkleidung präsentieren. Anstoß erregte auch der Plan, beim Umbau der Schule einen Keller mit Duschen zu errichten, wo sich die Schüler nach dem Sport waschen könnten. Eifrige »Vereinshäusler« sowie die strengen Katholiken befürchteten wohl, daß Männer und Frauen zusammen duschen könnten. So ließen wir das Vorhaben fallen.
*Oswald Schafrick, Lehrer,
Jahrgang 1910*

Freizeit und Sport

Wer das gesamte Jahr über hart arbeiten muß, genießt umso intensiver die wenigen Gelegenheiten, an denen einmal richtig ausgelassen gefeiert werden kann. Gerne erinnerten sich die Zeitzeugen noch an die Dorfkirmes, die für viele früher der Höhepunkt des Jahres war und auf der man deshalb immer wieder über die Stränge schlug. Auch Sportvereine hatten in einer Zeit ohne Fernsehen und Gameboy Hochkonjunktur. Hier war, wie bei den Kinderspielen, neben körperlicher Fitneß oft auch Improvisationskunst gefragt. Ob beim Tennis, Handball oder Fußball – immer bedurfte es auch einer gehörigen Portion Phantasie, um sich trotz fehlender materieller Möglichkeiten die Freizeit zu vertreiben.

Auf der Herschbacher Kirmes.

Kirmes in Ruppach mit der traditionellen Fahne, 1932.

Festtage

An Kirmes stellten früher die Jungs am Samstagabend den Kirmesbaum auf. Am folgenden Tag ging man dann in die Kirche, bevor anschließend mit Musik nach Rotenhain in zwei Kneipen gezogen wurde. Darin wurde schon das eine oder andere Bier getrunken, bis die Kirmesjugend schließlich weiter in die eigentliche Kirmeswirtschaft marschierte. Der Tanz wurde dem Brauch entsprechend von drei Paaren eröffnet. Danach ging es so richtig los, und der Schnaps floß, zumindest bei den Jungs, in Strömen. Für uns Mädchen war bis zu einem gewissen Alter nach zehn Uhr Schluß. Erst als ich älter wurde, blieb ich auch mal bis spät in die Nacht weg und kam nur ab und zu nach Hause, um Wurst und Schinken zu holen.
Hildegard Nilges, Hausfrau, Jahrgang 1919

Als Kinder konnten wir zur Kirmes im Saal nur vorne auf den Bänken sitzen und uns alles anschauen, denn wenn man an den Tischen sitzen wollte, mußte man ja etwas verzehren. Dazu hatten wir aber kein Geld. Selbst nachdem wir schon lange aus der Schule waren, konnten wir uns das nicht leisten. Ich kann mich noch gut daran erinnern, daß bei solchen Gelegenheiten die Jungs zu uns Mädchen kamen, um zu tanzen. Aus Blödsinn haben wir das auch schon mal gemacht. Allerdings wurde es problematisch, wenn sich Auswärtige an Mädchen aus dem Dorf herangemacht haben. Dann kam es schon mal zu richtigen Schlägereien mit Jungs aus dem Ort. Als ich noch klein war, kamen uns einmal meine Cousins zur Kirmes besuchen. Ich war bei der Kirmes selbst natürlich nicht dabei, aber mir wurde erzählt, daß sie fürchterlich verprügelt wurden. Vorher hatten sich natürlich alle in die entsprechende Stimmung getrunken.

Finanziert haben sich die jungen Kerle die Kirmes oft, indem sie ihren Eltern einen Teil der Ernte geklaut haben, um sie dann zu verkaufen.
*Klara Wolf, Schneiderin,
Jahrgang 1911*

Ein Bekannter von mir, der stammte aus Simmern, ging in Unnau auf die Frei, das heißt er hatte dort eine Freundin. Deshalb sagten mir einige Dorfbewohner, die von unserer Bekanntschaft wußten, ich solle ihm sagen, daß er den Jagdschein bezahlen soll. Darunter verstand man die Entrichtung von einigen Litern Bier oder etwas Fleisch, was ein Ortsfremder bezahlen mußte, der ernste Absichten an einem Mädchen aus dem Dorf hatte. Daraufhin berichtete ich ihm davon und wies auch ihn darauf hin, daß man ihm eine Abreibung verpassen würde, wenn er nicht bald einen ausgebe. Da er jedoch arbeitslos war, hatte er kein Geld dafür. Also wurde er bei der nächsten Gelegenheit von der Dorfjugend verdroschen.
*Albrecht Schütz, Landwirt,
Jahrgang 1914*

Wenn in Totenberg Kirmes war, stellten die Bauern Stiele mit Stroh auf ihre Wiesen, damit keiner durch ihre Felder lief. Auf unserem Rückweg von der Kirmes haben wir als Jugendliche deshalb immer Streichhölzer mitgenommen, mit denen wir das Stroh einfach anzündeten. Danach brannte natürlich die gesamte Wiese oder zumindest ein Teil davon. Außerdem haben wir auch oft die Garben auf dem Feld umgewor-

Beim »Warmtrinken« für die jährlichen Festaktivitäten.

fen. Die Bauern haben sich darüber selbstverständlich aufgeregt, aber das war ja auch irgendwie der Reiz an der ganzen Aktion.
Hildegard Nilges, Hausfrau, Jahrgang 1919

Die Kirmes war für uns in erster Linie einmal ein großes Familienfest. Alle Verwandten kamen ins Dorf, und entsprechend gut wurde dann auch immer gegessen. Als Vorspeise gab es zumeist Markklößchensuppe, danach zwei verschiedene Sorten an Braten und schließlich Obst als Nachtisch. Dazu wurde ein äußerst feierlicher Gottesdienst mit gleich drei Pastoren abgehalten. Nach der Andacht ging es dann auf den Kirmesplatz. Die Kinder erhielten bei der Gelegenheit immer ein paar Groschen, mit denen sie sich Kleinigkeiten, wie zum Beispiel eine »Wundertüte«, kaufen konnten.
August Hanz, Berufspolitiker, Jahrgang 1925

In der Kriegszeit sorgte die englische Seeblockade insbesondere in den Städten für Lebensmittelknappheit. Deshalb kamen die Verwandten aus Frankfurt gerade an Feiertagen immer gerne zu uns aufs Land. Sie hatten bei diesen Gelegenheiten natürlich immer einen Mordshunger. Da konnte es schon mal vorkommen, daß sie bei den Gelegenheiten vor lauter Gier so viele Pflaumen aßen, daß sie anschließend mächtig Durchfall bekamen. Überhaupt kamen

Stolz präsentiert die Ransbacher Kirmesjugend in den zwanziger Jahren ihren selbstgebauten Zeppelin.

alle möglichen Verwandten zur Kirmes. Ich kann mich noch gut an meine Onkels und Tanten erinnern, wie sie sich Kuchen in ihre Taschentücher wickelten und damit nach Hause gingen. Wir Kinder sind ihnen dabei lachend hinterhergelaufen.
Klara Wolf, Schneiderin, Jahrgang 1911

Dadurch, daß sich die Männer auf der Kirmes oft betranken, kam es immer wieder zu Schlägereien. Reibereien gab es noch aufgrund der Tatsache, daß wir im Dorf zwei Gaststätten und auch zwei separate Kirmeszüge hatten, die untereinander rivalisierten. Es war Tradition in Helferskirchen, daß es zu dieser Zeit Pflaumenkuchen gab und sich die Jungs Kirmesmädchen aussuchen durften. Ich durfte allerdings nie weggehen, so daß ich nichts davon mitbekam. Immerhin durfte ich nachmittags ausgehen. Da nahm ich in der Regel 20 Pfennig mit, wovon ich mir meist nur ein oder zwei Nappos für je 5 Pfennig kaufte und 1 Groschen dann wieder mit nach Hause nahm. Manchmal wurde man auch mal zu einem Glas Wein eingeladen.
Frieda Schneider, Hausfrau, Jahrgang 1919

Freudenfeuer zum Erntedankfest in Meudt.

Freizeitvertreib

Unnau wurde bereits in den dreißiger Jahren zum Luftkurort, zumal wir zu der Zeit im Ort schon ein Schwimmbad besaßen. Die meisten Gäste kamen aus dem Ruhrgebiet, um unsere gute Luft im Westerwald zu genießen. Darunter befanden sich allerdings keineswegs nur betuchte, sondern auch viele recht einfache Leute. Der Tourismus wurde zu einem bedeutenden Wirtschaftsfaktor im Ort, da nun viele Dorfbewohner Zimmer vermieteten und damit ihren Lohn etwas aufbessern konnten. Dazu mußten natürlich einige Zimmer geräumt werden, so daß man sich zur Hochsaison oft auf engem Raum drängen mußte. Zu der Zeit gab es im Ort jede Woche samstags einen Kurball, auf dem viele junge Männer aus dem Ort, die arbeitslos waren, versuchten, sich von den Touristen einen ausgeben zu lassen. Für uns war das immer ein Erlebnis, zumal auch die Kneipen stets total voll waren. In den sechziger Jahren ließ der Andrang allerdings nach, weil hier einfach nicht mehr genug geboten wurde.
Albrecht Schütz, Landwirt, Jahrgang 1914

Abseits des Kirmesgeländes entwicklete sich die Bierhalle zum Zentrum der Meudter Festtage.

Mein Vater war begeisterter Skatspieler. Deshalb mußten wir Kinder auch immer mit ihm spielen. Aber wehe, wenn man einen Fehler machte. Dann war er außer Rand und Band. Ansonsten spielten wir noch Brettspiele wie »Mensch ärgere dich nicht«, »Mühle« oder »Halma«. Später ging man auch mal auf die Kirmes, die eigentlich neben dem Erntedankfest den Höhepunkt des Jahres bildete.
Frieda Schneider, Hausfrau, Jahrgang 1919

Im Winter fuhren wir Kinder immer mit Vorliebe Schlitten. Im Gegensatz zu heute gab es ja damals keine Autos, so daß man die gesamte Hauptstraße bis zur Kirche herunterfahren konnte. Die Schlitten ließen wir von den Schreinern im Ort zusammenzimmern. Sie waren zum Teil so groß, daß bis zu 15 Kinder darauf Platz hatten. Man kann sich leicht vorstellen, daß es gefährlich werden konnte, wenn der Schlitten mal umkippte. Manch einer hat sich da ganz schön weh getan. Deshalb habe ich immer zugesehen, daß ich in der Mitte gesessen habe. Da hatte man wenigstens etwas Beinfreiheit und kam in der Regel relativ glimpflich davon, wenn der Schlitten mal umfiel.
Klara Wolf, Schneiderin, Jahrgang 1911

Als kleiner Junge habe ich viel Blödsinn gemacht. Mit sieben Jahren wurden mir die Mandeln entfernt. Auf der Rückfahrt vom Krankenhaus habe ich mich irgendwie auf den Türgriff gelehnt, um besser aus dem Fenster schauen zu können. Plötzlich öffnete sich während der Fahrt die Tür, an der ich mich verzweifelt festhielt. Noch heute höre ich meine Schulkameraden verwundert rufen: »Guck mal, der Willi hängt draußen an der Tür!« Zum Glück bremste der Busfahrer etwas und zog mich wieder in den Bus hinein. Somit ging mein Kabinettstück doch noch glimpflich ab. Weniger gut kam ich weg, als ich später an unserer Häckselmaschine gedreht und meine Hand reingehalten habe. Dabei hätte ich mir beinahe einen Finger abgeschnitten. Bei einer anderen Gelegenheit bin ich die Leiter in unserer Scheune hochgeklettert. Irgendwann habe ich aber losgelassen und bin heruntergestürzt. Unglücklicherweise bin ich dabei mit dem Kopf auf das Hinterrad eines Heuwagens aufgeschlagen. Meine Mutter hat mich anschließend von Gackenbach bis nach Horbach zur Krankenschwester getragen. Das ist immerhin mehr als ein Kilometer. Die Behandlung hat sie ihre letzten 5 Mark gekostet.
Wilhelm Weis, Versicherungskaufmann, Jahrgang 1921

Nachmittags war ich in der Regel mit Sportunterricht beschäftigt. Abends gingen wir dann in die Wirtschaft, entweder in Norken oder in Bretthausen. Dort

Beim Rodeln mit einem Holzschlitten.

konnte man sich in der Regel immer gut unterhalten. Schließlich kaufte ein Düsseldorfer Gymnasium in Norken eine Parzelle, auf der wurde ein Schullandheim errichtet. Daraufhin kamen immer zwei Studienräte für zwei, drei Wochen ins Dorf, mit denen man auch etwas unternehmen konnte. Kontaktschwierigkeiten mit der Bevölkerung gab es eigentlich keine. Ganz zu Beginn meiner Zeit in Norken bin ich allerdings einmal nach einer Geburtstagsfeier in die Wirtschaft gegangen, wo man versucht hat, den jungen, neuen Lehrer – also mich – besoffen zu machen. Ich war aber von meiner westpreußischen Heimat her gewohnt, scharfen Schnaps zu trinken. Es tranken gleich vier Mann mit mir. Am Ende waren jedoch alle anderen betrunken, und nur ich stand noch auf den Beinen. Damit hatte ich mir in der Gemeinde gewaltig Respekt verschafft. Lediglich die streng protestantischen »Vereinshäusler« hatte ich mit meinem Verhalten verärgert. Es hieß nämlich schließlich, daß der neue Lehrer säuft, und man fragte sich, ob man seine Kinder noch zu mir in den Religionsunterricht schicken könnte. Deshalb habe ich mich daraufhin nicht mehr so oft in die Wirtschaft begeben.
Oswald Schafrick, Lehrer,
Jahrgang 1910

Sportaktivitäten

In unserer Freizeit spielten wir sehr gerne Handball. Dazu hatten wir eigens einen Verein gegründet. Ich

Kinder beim Spielen in der Straßenrinne.

Bei der Ransbacher Handballmannschaft war in den zwanziger Jahren vor allem Improvisation gefragt: Gespielt wurde auf einem Rasenplatz, da keine Halle zur Verfügung stand.

kann mich daran erinnern, daß besonders die Anfänge noch sehr ärmlich waren. Lediglich die Hosen bekamen wir gestellt. Später wurde uns auch mal ein Ball geschenkt. Ansonsten mußten wir aber alles selbst kaufen. Natürlich gab es auch keine entsprechende Halle, die uns zum Spielen oder Trainieren zur Verfügung gestanden hätte. Also haben wir immer im Freien auf einer Wiese gespielt. Mit der Zeit wurden die Verhältnisse allerdings etwas besser, und wir fuhren bis nach Koblenz, um gegen andere Mannschaften zu spielen. Einige Spieler konnten sich allerdings keine Fahrkarte leisten. In solchen Fällen haben alle anderen zusammengelegt.
Ludwig Hammer, Drechsler,
Jahrgang 1906

Da es für die Mädchen keine Sportmöglichkeit gab, gründete ich im Mai 1950 einen Tischtennisverein. Als wir anfingen, hatten wir nur eine Bretterplatte. Sie hatte zwar die richtige Länge, aber die Breite stimmte nicht. Trotzdem waren alle immer mit sehr viel Spaß bei der Sache. Im Sommer wurde nachmittags von drei bis halb sieben gespielt, wodurch ich in meiner Freizeit oft sehr stark angebunden war. Später konnte ich auch die Lehrer der umliegenden Dörfer dazu bewegen, ihrerseits Tischtennisplatten zu erwerben, so daß letztlich die gesamte Region Tischtennis spielte.
Oswald Schafrick, Lehrer,
Jahrgang 1910

Ludwig Hammer in seiner Handballmontur.

Als wir später sonntags in Nachbarorte auf Tischtennis-Turniere fuhren, schickten einige Eltern ihre Töchter nur unter der Bedingung mit, daß ich mit ihnen auch in die Kirche gehen würde. Das verursachte aber Ärger bei der Turnierleitung, aber letztlich klappte es doch recht reibungslos. Das Training mußte in den Klassenräumen stattfinden, da wir ja keine Turnhalle zur Verfügung hatten. Dafür mußten wir jedesmal die Tische verrücken. Aber einige unserer Mädchen wurden ganz schnell Kreismeisterinnen, so daß schließlich auch die »Vereinshäusler« ihre Zustimmung gaben. Wir wurden am Ende eine richtige Tischtennis-Hochburg im Westerwald und sogar in Rheinland-Pfalz und errangen 1957 auch unseren ersten Rheinland-Titel.
Oswald Schafrick, Lehrer,
Jahrgang 1910

Freizeit im heutigen Sinne gab es für mich eigentlich nicht. Dazu mußte ich immer zu viel arbeiten. Wenn ich allerdings einmal frei hatte, trieben wir im Dorf häufig Sport. Ich habe sogar damals schon mit einem Cousin, der in Bonn Medizin studierte, eine Art Tennis gespielt. Dazu haben wir auf der Dorfstraße mit einfachsten Mitteln, nämlich Sägemehl, ein Feld markiert. Die Schläger dazu stellten wir uns selbst aus Holzbrettern her. Unsere Aktivität beschränkte sich jedoch zumeist auf die Sonntage, an denen wir sonst nur noch dreimal in die Kirche gehen mußten.
August Hanz, Berufspolitiker,
Jahrgang 1925

Arbeitswelt

Das Berufsspektrum der Zeitzeugen spiegelt im wesentlichen die wirtschaftlichen Verhältnisse der ländlichen Region wider. In der Regel werden hier also Erzählungen der »kleinen Leute« wiedergegeben, die sich in der Landwirtschaft, im Handwerk oder als Angestellte betätigten. Sie berichten von harten Lehrjahren, von Arbeitslosigkeit und einer Arbeitswelt, in der schweißtreibende manuelle Tätigkeiten noch weitgehend unverzichtbar waren. Aber auch von kleinen Nebenverdiensten wie der weitverbreiteten Schnapsbrennerei wird im folgenden Kapitel die Rede sein. Die Erzählungen verweisen auf eine traditionell strukturierte Arbeitswelt, die in der Weltwirtschaftskrise Anfang der dreißiger Jahre auf eine harte Probe gestellt wurde und sich erst nach Kriegsende langsam wandelte. Auffällig ist in dem Zusammenhang die berufliche Unterrepräsentation der Frauen, deren Wirkungskreis sich damals noch in erster Linie auf den Haushalt und die Landwirtschaft beschränkte.

Holzfäller beim Zurechtschneiden der Baumstämme.

Ein Belegschaftstreffen der Westerburger Handweberei, in der August Hanz seine Lehrzeit absolvierte. Das Foto entstand 1941.

Lehre und Beruf

Es war ja zu Beginn der dreißiger Jahre schwer, eine Lehrstelle zu finden. Nachdem ich zuerst bei einer Dachdeckerei gearbeitet hatte, fand ich zum Glück später eine Beschäftigung beim Autobahnbau. Zu der Zeit wurde das Teilstück der A 3 nach Limburg gebaut. Ich erhielt 65 Pfennig Stundenlohn. Das war für die Zeit viel Geld, zumal ich erst 16 Jahre alt war. Die älteren Arbeiter haben sich sogar darüber beschwert, daß ich soviel verdiente. Sonst waren nach den schlechten Zeiten aber alle froh, wieder eine Arbeit zu haben.
Wilhelm Weis, Versicherungskaufmann, Jahrgang 1921

Als ich mit 14 Jahren aus der Schule kam, mußte ich meinem Vater zunächst in der Landwirtschaft helfen, bis mich mein jüngerer Bruder zwei Jahre später darin ablöste. Daraufhin konnte ich erst mit einer kaufmännischen Lehre in einer kunstgewerblichen Handweberei beginnen. Laut Lehrvertrag standen mir damals ganze 15 Mark im Monat zu. Ich konnte mir allerdings etwas dazuverdienen, indem ich nebenbei auch noch in der Weberei aushalf, so daß ich auf die zu der Zeit stolze Summe von 50 Mark kam. In meine Tasche floß der Lohn jedoch nicht, sondern er wurde beiseite gelegt, um für die Familie neues Land zu kaufen.
August Hanz, Berufspolitiker, Jahrgang 1925

Wir waren bei uns zu Hause fünf Kinder. Mein Vater war Bahnbeamter, und die wurden bei weitem nicht so gut entlohnt, wie es später immer hieß. Das Gehalt wurde nur alle drei Monate ausgezahlt, so daß man natürlich gut damit rechnen mußte. Immerhin bekamen wir von der Bahn gegen Miete ein Haus gestellt. Allerdings hörte man dort jeden Zug vorbeifahren, denn die Gleise verliefen direkt neben unserem Haus. Uns blieb aber nichts anderes übrig. Eines Nachts klopfte es an unserer Tür und man sagte uns, der Bahnhof stände in Flammen. Wir liefen zu der Brandstelle, retteten gerade noch die Morsegeräte und halfen dann auch noch einigen Anwohnern, aber der Bahnhof brannte vollkommen nieder. Am nächsten Tag hatten wir dann die absurde Situation, daß zwar der Zug pünktlich ankam, aber der Bahnhof weg war.
Ludwig Hammer, Drechsler, Jahrgang 1906

Kurz nach Beendigung der Schule arbeitete ich in einer Dachdeckerei. Die Arbeit so hoch oben und ohne

die heutigen Sicherheitsvorschriften konnte natürlich sehr gefährlich werden. Als wir irgendwann mal auf einem fünf Meter hohen Dach arbeiteten, ließ mich der Geselle alleine zurück, um in der Mittagspause etwas zu trinken. Ich versuchte die sogenannte »Deckleiter« am First zu befestigen, da ich einen Ziegel austauschen wollte. Diese Leiter liegt direkt auf dem Dach auf. Als ich sie jedoch hinaufklettern wollte, löste sich der Haken, und ich rutschte zuerst fünf Meter, bevor ich schließlich weitere fünf Meter tief auf den Boden stürzte. Wie so oft in meinem Leben hatte ich großes Glück und landete im Garten. Außer einer anfänglichen Benommenheit trug ich keinerlei Verletzungen davon. Mein Chef kam bei einem ähnlichen Unfall später ums Leben.
Wilhelm Weis, Versicherungskaufmann, Jahrgang 1921

Jeden Morgen sind ganze Kolonnen zur Arbeit in den Steinbrüchen der Gegend gezogen. Ich kannte einen, der mußte jeden Tag zu Fuß von Kaden bis nach Enspel laufen. Damit sie mittags etwas zu essen hatten, nahmen sie einen Henkelmann mit auf die Arbeit. Arbeiter aus der Nähe bekamen ihr Essen in der Regel von ihren Frauen gekocht und in den Steinbruch gebracht. Die Arbeit dort war sehr hart, denn damals wurde

»Kipper« nach getaner Arbeit. Ihre Aufgabe war es, unförmige Felsblöcke in kleine Würfel zu zerteilen.

noch alles mit der Hand gemacht. Einige hingen an einem Seil, das an dem oberen Ende des Felsens befestigt war und klopften den Stein aus der Wand. Der andere Teil, die sogenannten »Kipper«, bearbeiteten die Steine schließlich zu viereckigen Würfeln. Sie verdienten das meiste Geld.
*Hildegard Nilges, Hausfrau,
Jahrgang 1919*

Die Menschen in Wirges lebten neben der Landwirtschaft in erster Linie von der Tonindustrie. Allerdings waren die Fabriken früher nicht annähernd so groß wie heute. Die größten Betriebe hatten vielleicht gerade mal zehn Arbeiter. Zumeist wurden hier Krüge hergestellt, die nach dem Formen gebrannt und schließlich gesalzen wurden. Die fertigen Produkte wurden danach auf Holzwagen verladen und nach Ransbach und Vallendar transportiert. Als Kinder haben wir bei der Produktion mitgeholfen, ohne dafür allerdings auch nur einen Pfennig zu bekommen. Meistens bereiteten wir den Ton zur späteren Bearbeitung vor, indem wir ihn in einem Bottich weich werden ließen und ihm das Wasser entzogen, um ihn anschließend in kleinere Stücke zu schneiden.
*Karl Hammer, erwerbsunfähig,
Jahrgang 1915*

Nach dem Krieg, ich glaube es war im Januar 1946, habe ich zusammen mit meinem Bruder Martin in einem Sägewerk angefangen. Die Arbeit war hart, denn alle Arbeiten wurden damals noch mit der Hand verrichtet. Wir kauften Holz von der Gemeinde auf

Gleisarbeiter bei der Mittagspause.

und transportierten es bis zum Sägewerk. Dafür standen uns zwar zum Teil bereits Lastwagen zur Verfügung, doch der größte Teil wurde auch weiterhin mit Pferdegespannen bewältigt. So ein Gespann hatte bis zu sieben Pferde. Damit haben wir das Langholz sogar von Hachenburg, das heißt über eine Strecke von mehr als 10 Kilometern, zu uns befördert. Das bedeutete einen Marsch von 20 Kilometern, der sich über vier Stunden hinzog. Insbesondere auf dem Rückweg, wenn wir geladen hatten, mußten wir ja nebenher laufen. Der Stundenlohn betrug gerade mal 65 Pfennig.
Viktor Aust, Sägewerksarbeiter, Jahrgang 1915

Viktor Aust bei seiner täglichen Arbeit nach dem Zweiten Weltkrieg, dem Transport von Holz mit Hilfe eines Pferdefuhrwerks zum Sägewerk.

Nebenverdienste

Ich wollte nach meiner Schulzeit gerne Metzger lernen. Doch ich war so gut wie immer krank und konnte keine Lehre machen. Später im Zweiten Weltkrieg, als es kaum noch Tierärzte gab, habe ich mir anhand eines geschenkten Buches Wissen über Geburtshilfe bei Kälbern angeeignet. Deshalb wurde ich bei diesen Gelegenheiten von den Nachbarn zu Hilfe gerufen. Also band ich mir meine große, schwarze Schürze um, nahm Desinfektionsmittel mit mir und tat mein Bestes. Besonders problematisch wurde es, wenn die Kälber mit dem Kopf auf der Brust lagen. In solchen Fällen mußte man äußerst vorsichtig vorgehen, damit man weder Kuh noch Kalb verletzte. Dazu rieb ich meine Hände mit Schweineschmalz ein und zog langsam Bein für Bein heraus, bis schließlich auch der Rest zum Vorschein kam. Die Freude über die glückliche Geburt war in einem Fall so groß, daß jemand im entscheidenden Moment vergaß, die Kuh festzuhalten und ich von oben bis unten mit Fruchtwasser überschüttet wurde. Ein weiteres häufiges Problem waren Koliken bei Kühen. Da mischte ich zwei Päckchen Natron mit etwas Wasser, um die Medizin anschließend in die Nase und Backentaschen zu träufeln. Dann rieb ich den Bauch der Kuh mit etwas Stroh, und schon nach kurzer Zeit hörte man ein Rauschen, und die Kuh war geheilt.
Karl Hammer, erwerbsunfähig, Jahrgang 1915

Die Herstellung von Schinken war eine besonders langwierige Prozedur. Zuerst streute man über das Fleisch etwas Salz, das sich nach ein paar Tagen löste. Das dabei anfallende sal-

zige Wasser wurde dann abgezapft, in abgekochtes Wasser gegeben und anschließend erneut aufs Fleisch gegossen. Nach vier Wochen wurde der halbfertige Schinken luftgetrocknet und schließlich noch geräuchert. Danach konnte man ihn etwa ein Jahr lang aufbewahren. In der Regel hatte man ihn jedoch vorher längst gegessen. Zum Schlachten selbst kam immer ein Hausmetzger, der dem Schwein mit der stumpfen Seite einer Axt vor den Kopf schlug, damit es bewußtlos wurde. Daraufhin wurde dem Tier in den Hals gestochen, so daß das Blut herausfließen konnte, welches anschließend in einen Eimer geleitet wurde, um es dort anzurühren. Ansonsten wäre das Blut nämlich geronnen, und wir hätten daraus keine Blutwurst mehr herstellen können. Das Schwein wurde daraufhin in heißem Wasser gebrüht, damit man ihm die Borsten leichter abziehen konnte, bevor es schließlich an den Haxen aufgehängt und aufgeschnitten wurde. Danach konnte man es ausnehmen. Verwendung fand eigentlich alles irgendwie. Sogar der Kopf wurde entweder gekocht oder aber zu Wurst verarbeitet. Die Därme wurden herausgetrennt, gewaschen und in Salz und Zwiebeln eingelegt. Außerdem wurden sie von innen nach außen gedreht, so daß man am nächsten Tag, an dem es gewöhnlich Wurst gab, keine Bedenken zu haben brauchte. Bei den Hühnern ging es natürlich einfacher, denn ihnen schlug man auf einem Holzblock nur den Kopf ab, legte auch sie in heißes Wasser und rupfte ihnen schließlich die Federn aus.
Frieda Schneider, Hausfrau, Jahrgang 1919

Mein Mann war ein leidenschaftlicher Tüftler. Einige seiner Erfindungen hat er als Patente angemeldet, während er andere zum Spaß weiterentwickelte. So stellte er unter anderem einen Schnapsbrenner her, den er auch hinreichend zur Produktion von Alkohol nutzte. Die Folge war, daß wir immer das ganze Haus mit Leuten aus den umliegenden Dörfern voll hatten, die an dem Schnaps interessiert waren. Natürlich war das Ganze illegal, und eines Tages stand die Polizei vor der Tür. Irgend jemand hatte uns wohl angezeigt. Jedenfalls fand man Rückstände von Maische im Kohlebecken, und mein Mann mußte zum Ortsbürgermeister. Letztlich ist die Angelegenheit aber im Sande verlaufen. Schnaps durfte er danach keinen mehr herstellen. Mir war das ganz recht, denn die Prozedur hatte mir immer die ganze Küche verdreckt.
Klara Wolf, Schneiderin, Jahrgang 1911

Durch die zahlreichen Quellen in Unnau gab es viele Schnapsbrennereien im Ort. Wir hatten auch einen Brenner, den mein Großvater 1884 gekauft hatte. Gebrannt wurde der Schnaps aus Kartoffeln oder in seltenen Fällen auch aus Getreide, wobei man sich nicht immer darauf verlassen konnte, ob letzteres nicht der Witterung zum Opfer fiel. Kartoffeln gab es hingegen immer, von denen wir stärkereiche Sorten anbauten. Die Kartoffeln wurden in riesigen Bottichen, die 30 Zentner faßten, zerquetscht und angesetzt. Daraufhin wurden Malz und Hefe hinzugegeben. Wir waren dafür berühmt, daß wir außerdem noch etwas Kümmel benutzten. 100 Kilo Kartoffeln und

Nebenbeschäftigung jenseits der Legalität. Klara Wolfs Mann mit selbstgebranntem Schnaps.

10 Kilo Getreidemalz ergaben acht Liter reinen beziehungsweise 96prozentigen Alkohol, der selbstverständlich noch verdünnt werden mußte. Es gab allerdings auch Leute, die ihn schon pur getrunken haben sollen. Im jeweils zuerst gebrannten Schnaps, dem sogenannten »Vorlauf«, war ein milchig aussehender Stoff vorhanden. Dieses Fusselöl wurde in Apotheken gebraucht und war dem Methylalkohol ähnlich. Der Genuß dieses »Vorlaufs« war jedoch streng verboten, denn es schlug auf die Augen, wie es hieß. Das Praktische an der Brennerei war zum einen, daß man im Winter die Zeit dazu hatte, und zum anderen, daß die Rückstände wieder an das Vieh verfüttert werden konnten.
Albrecht Schütz, Landwirt, Jahrgang 1914

Mein Vater ist zum Glück vom Ersten Weltkrieg verschont geblieben. Trotzdem hat er als Schreiner und Landwirt erst einmal zusehen müssen, daß für seine Familie etwas Ordentliches auf den Tisch kam. Schließlich hatte ich noch sechs Geschwister, so

daß er neben seinen beiden Berufen auch noch eine Spar- und Darlehenskasse führte. Hunger haben wir zwar keinen gelitten, aber man hat natürlich nicht immer bekommen, was man wollte. Zum Beispiel haben wir Bananen, Tomaten oder Apfelsinen nicht gekannt. Dafür hatte man alle Arten von Handwerkern im Ort, die heutzutage ganz verschwunden sind, wie beispielsweise Wagenbauer und Schmiede. Damals waren die meisten Bewohner im Dorf eben Bauern, und als solche waren sie auf derartige Handwerker angewiesen. Traktoren gab es ja fast keine.
Maria Assmann, Hausfrau, Jahrgang 1916

1923 haben die Franzosen das Rheinland besetzt und das Ruhrgebiet, weil Deutschland seine Reparationsleistungen nicht erbracht hatte. Unter anderem rückten sie auch in Ransbach ein. Mit der Zeit holten sie sich Deutsche, die für sie arbeiten sollten. Darunter war auch mein Vater, denn den Bahnhof, auf dem er arbeitete, hatten sie auch beschlagnahmt. Er wurde dafür allerdings mit französischem Geld bezahlt, das wesentlich mehr wert war als unseres während der Inflation. Für uns war das selbstverständlich sehr gut, denn ansonsten gab es ja, bis auf einige Ausbesserungsarbeiten, so gut wie gar nichts zu tun. Trotzdem war der große Teil der Bevölkerung den Franzosen gegenüber natürlich feindselig gestimmt, doch tun konnte man gegen sie ja sowieso nichts. Nach einer Weile sind sie schließlich wieder abgezogen, und die Deutschen haben den Bahnhof zurückerhalten.
Ludwig Hammer, Drechsler, Jahrgang 1906

Weltwirtschaftskrise

Mein ältester Bruder ist damals während der Zeit der Weltwirtschaftskrise nach Köln zum Arbeiten gegangen. Hier bei uns in Meudt fand man ja schließlich kaum mehr Arbeit. Später mußte er sogar ins Ausland nach Holland gehen, um dort sein Geld zu verdienen. Ansonsten hätte er mit all den anderen Arbeitslosen stempeln gehen müssen. Aber von vielleicht gerade mal 15 Mark in der Woche konnte man natürlich nicht leben. Dann wäre er zu Hause nur den Eltern zur Last gefallen. Lange hat es ihn aber nicht in Holland gehalten, obwohl man ihm da sogar angeboten hatte, einen Betrieb zu übernehmen. Meinen Bruder hat es jedoch wieder nach Köln ins Gesellenhaus gezogen. Dort ist er auch geblieben, bis er im Krieg ausgebombt wurde und dann schließlich mit seiner Familie in den Westerwald zurückkehrte.
Maria Assmann, Hausfrau, Jahrgang 1916

In meiner Erinnerung waren die Jahre von 1928 bis 1930 wirtschaftlich die besten Jahre. Meine beiden ältesten Brüder hatten ja damals Arbeit in der Sieg-Brauerei in Wissen und haben dort eigentlich recht gut verdient. Hätten sie nur nicht gleich alles verjubelt, hätten wir damals schon unser Haus und unseren Stall erneuern können. So aber fand dieser Umbau erst 1956 statt. Vorher hatten wir noch ein Strohdach, und unser Haus war wahrscheinlich weniger wert als unser Vieh. Zu Beginn der dreißiger Jahre ließen dann auch die Aufträge überall stark nach, so daß viele Arbeiter entlassen wurden. Ich kann mich noch daran

erinnern, daß kaum noch jemand im Dorf überhaupt Arbeit hatte, sondern alle nur noch von der Landwirtschaft lebten.
Viktor Aust, Sägewerksarbeiter, Jahrgang 1916

In dem ersten halben Jahr nach meiner Entlassung erhielt ich noch Arbeitslosengeld. Das waren nur noch ganze 15,75 Mark pro Woche, im Vergleich zu knapp 40 Mark, die ich vorher verdient hatte. Danach bekam ich überhaupt nichts mehr, so daß mich mein Vater mit ernähren mußte. Ich habe in dieser Zeit versucht, mich hier und da für einige Wochen oder Stunden mit Gelegenheitsarbeiten über Wasser zu halten. Erst später lief es dann wieder besser, nachdem ich eine Arbeit in einer Firma erhielt, die Tonröhren herstellte. Dort verdiente ich jedoch nur ganze 53 Pfennige pro Stunde, egal ob an einem Sonntag oder an einem Feiertag gearbeitet wurde. Ich habe die Arbeit aber trotzdem angenommen, weil es ansonsten wohl geheißen hätte, ich sei ein Faulenzer. Mit Beginn der dreißiger Jahre verschlechterte sich die Situation wieder, zumal mein Chef ein Nazi war und unser Hauptkunde ein Jude aus England. Der stellte dann auch plötzlich seine Aufträge ein. Also wurde ich wieder erwerbslos. Ich erhielt danach zwar schnell eine neue Beschäftigung als Lagerarbeiter, aber nach nur drei Monaten stand ich schon wieder auf der Straße. Traurig war ich darüber allerdings nicht, denn ich hatte nur ungefähr zwei Drittel meines vorherigen Lohnes erhalten und hatte dafür sogar noch mehr arbeiten müssen.
Ludwig Hammer, Drechsler, Jahrgang 1906

Noch nicht arbeitslos: Ludwig Hammer (links) bei einer kleinen Frühstückspause mit Kollegen.

Am Ende der zwanziger und zu Beginn der dreißiger Jahre gab es in unserer Gegend kaum noch eine Möglichkeit, Arbeit zu finden. Meine beiden älteren Brüder hatten Glück und konnten sich in Limburg eine Lehrstelle ergattern. Der eine wurde Schlosser, während der andere schließlich eine Ausbildung zum Metzger machen konnte, nachdem er ganz Limburg nach Arbeit abgesucht hatte. Sie mußten allerdings jeden Morgen um fünf Uhr aufstehen und mit dem Fahrrad nach Limburg fahren. Im Winter waren aber meistens die Karbid-Lampen zugefroren, so daß sie gar nichts sehen konnten. Deshalb war ich auch ganz froh, daß ich als Jüngster zu Hause bleiben durfte, um meinem Vater in der Landwirtschaft

zu helfen. Alleine konnte er die Arbeit einfach nicht bewältigen, und ich war der einzige, dem die Arbeit im Hof Spaß gemacht hat.
Richard Holzbach, Landwirt,
Jahrgang 1919

Ich kann mich gut an die großen Scharen von Männern erinnern, die in den dreißiger Jahren nach Nistertal zum Stempeln gingen. Mein Onkel hatte sogar eine extra »Stempelbux«, wie er immer sagte. Zu dieser Zeit hatte jeder so gut wie nichts. Deshalb war man froh, wenn man zumindest nebenbei etwas Landwirtschaft besaß. Von den paar Mark Arbeitslosengeld alleine konnte man jedenfalls nicht leben.
Hildegard Nilges, Hausfrau,
Jahrgang 1919

Der Westerwald unterm Hakenkreuz

Die individuellen Erfahrungen im Nationalsozialismus bedeuteten für alle Befragten einen tiefen Einschnitt in ihrem Leben. Die braune Herrschaft begann für viele scheinbar harmlos als Wirtschaftsaufschwung – eine Phase, die eng mit dem Bau der Autobahnen und der Beseitigung der Arbeitslosigkeit verknüpft wurde. Besonders auf die Mehrzahl der Jugendlichen übte die Lagerfeuerromantik der NS-Nachwuchsorganisationen eine gewisse Anziehungskraft aus, die sie nicht selten in Konflikt mit Elternhaus und Religion brachte. Erst mit der Reichspogromnacht, die drei Zeitzeugen hautnah miterlebten, sowie der nun massiv einsetzenden Judenverfolgung offenbarte sich das wahre Gesicht des Regimes.

Das von den Nationalsozialisten veranstaltete Erntedankfest in Montabaur, 1938.

Erste Konfrontation mit dem Nationalsozialismus

Ich kann mich ganz gut an die Anekdote aus dem Präsidentschaftswahlkampf 1932 erinnern. Es saßen damals zwei alte Männer auf einer Parkbank und unterhielten sich über die Wahlen. Der eine von ihnen wunderte sich, daß sich Hindenburg erneut hatte aufstellen lassen. Darauf sagte der andere, der einen Buckel hatte, daß auch er schon mit dem Gedanken gespielt habe, selbst Reichspräsident zu werden, da er mittlerweile ebenso alt sei wie Hindenburg. Etwas ernster ging es dann aber bei den Reichstagswahlen in den dreißiger Jahren zu. Durch die vielen Steinbrüche und Bergwerke hatten wir eine Menge Arbeiter im Ort. Sie wählten in der Regel »rot«, das heißt die Kommunisten, zumal ein Großteil von ihnen zu der Zeit bereits arbeitslos war. Zur Wahl zogen kommunistische Verbände mit einer Schalmeienkapelle durch Unnau und sangen die Internationale. Dagegen traten die SA-Trupps an, die in solchen Gemeinden ihre Hochburg hatten, die wahrscheinlich etwas bessergestellt waren. An einem Sonntagmorgen fuhren sie mit Lastwagen zu einem Treffen in Bad Marienberg, wo sie schließlich einen Aufmarsch veranstalteten. Später, nachdem Hitler an die Macht gelangt war, erhielt die SA auch bei uns mehr Zulauf. Das war insbesondere am 1. Mai 1933 der Fall, weshalb man sie als »die Maikäfer« bezeichnete.
Albrecht Schütz, Landwirt, Jahrgang 1914

Schon bei den Reichspräsidentenwahlen 1932 habe ich mich politisch engagiert, indem ich Hindenburg-

Vor dem Bürgermeisterhaus Hanz in Hinterkirchen bestaunt die Nachbarschaft die erste Dreschmaschine des Typs »Bulldogge«.

```
        Der Landrat                    Westerburg, den 24. Januar 1934.
  des Oberwesterwaldkreises
         K.A.I.


              Nach § 34 des Gemeindeverfassungsgesetzes vom
         15. Dezember 1933 werden die Bürgermeister (Schulzen) nicht
         mehr gewählt, sondern berufen. Die Berufung erfolgt durch
         den Landrat im Einvernehmen mit der Gauleitung der N.S.D.A.
         P. Sie sind s.Zt. als Bürgermeister der Gemeinde Hinter-
         kirchen gewählt worden. Ihre Einweisung war noch nicht er-
         folgt und ist infolge des obengenannten Gemeindeverfassungs-
         gesetzes nicht mehr möglich. Die s.Zt. getätigte Wahl ist
         hiernach bedeutungslos geworden.
                           J.V. gez. L o r c h .

    An
 Herrn Willi Hanz
    in
       H i n t e r k i r c h e n .
```
Ein amtliches Schreiben informierte August Hanz' Großvater über dessen Absetzung als Bürgermeister.

Plakate auf Scheunentore klebte und gleichzeitig die von Hitler abriß. Mein Großvater war schließlich auch der erste Bürgermeister im Westerwald, der 1934 von den Nazis entlassen wurde. 34 Jahre hatte er dieses Amt innegehabt, bis eines Abends Männer in braunen Uniformen kamen und die Amtsakten und den Bürgermeisterschrank abtransportierten – eine demütigende Szene. Sein Nachfolger wurde natürlich das örtliche Oberhaupt der NSDAP, für dessen verarmte Familie sich mein Großvater unermüdlich eingesetzt hatte. Es folgten schließlich sogar noch bösartige Schikanen und Verleumdungen, bevor mein Großvater 1935 im Alter von 74 Jahren an Krebs starb. Selten hat der Ort eine so große Beerdigung gesehen.
August Hanz, Berufspolitiker, Jahrgang 1925

Die hohe Arbeitslosigkeit führte ja bekanntlich zum politischen Umsturz, denn die Nazis haben viel versprochen und später, was die Arbeit betraf, ja auch gehalten. In den Enspeler Steinbrüchen gab es wieder mehr zu tun. Wer konnte schon als Arbeiter wissen, woher dieser Aufschwung kam. Aus Ailertchen marschierten zu der Zeit SA-Trupps durch das Dorf, die für die Nationalsozialisten warben, doch richtig durchsetzen konnten sie sich im Dorf nicht. Dafür war der katholische Einfluß zu stark. Zur Zeit des Wahlkampfs kam auch einmal ein Kommunist ins Dorf, um Stimmen für seine Partei zu gewinnen. Später haben wir deshalb Probleme bekommen und wurden als »Kommunisten« bezeichnet.
Viktor Aust, Sägewerksarbeiter, Jahrgang 1915

Erntedankfest in Meudt, 1934.

Anfang der dreißiger Jahre sah es bei uns sehr schlecht mit Arbeit aus. Ich habe zu der Zeit im Haushalt gearbeitet, aber viele Männer aus dem Dorf mußten nach Montabaur, um sich ihr Stempelgeld abzuholen. Das Arbeitsamt befand sich in der Bahnhofstraße, und davor befand sich meist eine lange Schlange Arbeitsloser. Da gab es dann ein paar Mark Arbeitslosengeld. Das war zuwenig zum Leben und zuviel zum Sterben. Erst als Hitler später an die Macht kam, gab es plötzlich wieder Arbeit. Ich glaube, daß zuerst die Männer mit Familien eine Stelle erhielten. Dann ging es den Leuten wirtschaftlich wieder spürbar besser.
Anna Mies, Hausfrau,
Jahrgang 1909

Am Tag nach Hitlers Wahl zum Reichskanzler kam ein Mann zu meinem Vater und sagte: »Albert, wo soll ich jetzt nur hin?« Wie sich zeigte, war er Kommunist. Seine Befürchtungen waren berechtigt, denn am gleichen Tag hatten die Nazis die meisten Bewohner des Dornbergs, der traditionell »rot« wählte, aus dem Bett geklingelt. Mitgenommen wurde aber keiner. Ich hatte zu der Zeit schon den »Stürmer« gelesen und dachte mir , daß es mit den Nazis nicht gut enden würde. Deshalb habe ich bei der Wahl mit »Nein« gestimmt und war damit einer von 74 »Nein«-Wählern im Ort. Wie ich später erfuhr, wäre ich inhaftiert worden, wenn der Krieg nur etwas länger gedauert hätte. Warum, weiß ich nicht. Wahrscheinlich weil ich mir nie den Mund verbieten ließ und das in der Zeit, in der man selbst Freunden nicht trauen durfte.
Karl Hammer, erwerbsunfähig,
Jahrgang 1915

Zur Zeit der großen Arbeitslosigkeit gab es viele politische Veranstaltungen von Nationalsozialisten, aber auch von Kommunisten. Die Verzweiflung war ja schon recht groß. Als nach der Machtübernahme Hitlers die Autobahnen gebaut wurden, gab es plötzlich wieder Arbeit. Das kam bei der Bevölkerung natürlich gut an, vor allem bei denen, die zuvor erwerbslos gewesen waren. Dann gab es ja für jede Frau, die arbeitete, bei der Eheschließung 1.000 Mark Ehestandsdarlehen. Von der Schuldenlast wurden nachher 250 Mark je Kind gestrichen. Das hat bei manchen viel ausgemacht. Frauen, die fünf Kinder hatten, erhielten das Mutterkreuz, was die Trägerinnen dazu berechtigte, zum Beispiel bevorrechtigt an Postschaltern bedient zu werden.
Ludwig Hammer, Drechsler,
Jahrgang 1906

In der Weltwirtschaftskrise stand es wirtschaftlich sehr schlecht um unsere

Region. Die Arbeitslosigkeit war sehr hoch. Nachdem Hitler an die Macht gekommen war, ging es dann allerdings recht schnell wieder aufwärts. Der Bau der Autobahnen und die Rüstungsindustrie haben vielen hier wieder Arbeit gegeben. Mein Vater war damals jedoch schon zu alt, und so mußte ich in der Landwirtschaft mitarbeiten, so daß wir selbst nicht von dem Aufschwung profitierten. 1936 folgte schließlich der deutsche Einmarsch in das Rheinland. All das führte dann dazu, daß man in dieser Zeit etwas euphorisch gestimmt war.
*Richard Holzbach, Landwirt,
Jahrgang 1919*

Nach der Machtergreifung Hitlers 1933 hatte man das Gefühl, in einer neuen Zeit zu leben. Es gab ja direkt Arbeit. So wurde zum Beispiel bei Ransbach die Autobahn gebaut, wo Hunderte Arbeit fanden. Plötzlich hatten die Menschen wieder Geld. Das wirkte sich natürlich auch auf die Bauern aus, denn früher hatte man nie gewußt, ob man die Schweine, die man im Frühjahr zum Mästen gekauft hatte, später auch an den Mann bringen konnte. Nun konnte man sich hingegen genau ausrechnen, was im Herbst nach Abzug der Futterkosten für den Bauern übrigbleiben wird. Die Menschen gewannen nach der schlechten Zeit ihre Sicherheit zurück. Also wurde der Nationalsozialismus zumindest in den ersten Jahren etwas populärer in unserer Region, nachdem zuvor in erster Linie das Zentrum die bestimmende Partei war und zu einem gewissen Grad auch blieb.
*Albrecht Schütz, Landwirt,
Jahrgang 1914*

Hitler-Jugend und Reichsarbeitsdienst

Für mich persönlich wurde die Lage ernst, weil ich aufgrund meiner Eltern lange Zeit bei den katholischen Pfadfindern war. Ich mußte dann gezwungenermaßen in die HJ eintreten. Dort bin ich zwei oder drei Jahre dabei gewesen. Nebenbei habe ich auch beim jetzigen TuS Montabaur Fußball gespielt. Eines Tages habe ich gemeutert. Ich glaube, das war 1938, ein Jahr vor dem Abitur. Ich habe damals gesagt: »Was ihr bei dem Verein hier macht, gefällt mir gar nicht. Da ist mir Sport viel lieber.« Da wurde ich offiziell wegen »Sabotage« aus der Hitler-Jugend ausgeschlossen. Da wir seit 1936 einen Direktor hatten, der fanatischer Nazi war, hatte ich dadurch die größten Schwierigkeiten, zum Abitur zugelassen zu werden. Verschiedene ältere Lehrer haben sich aber zum Glück für mich eingesetzt, sonst hätte ich wohl kein Abitur machen können.
*Ferdinand Schmidt, Arzt,
Jahrgang 1921*

Ich war als Jugendlicher in der NS-Zeit hin und her gerissen. Zum einen ging vom Nationalsozialismus eine gewisse Faszination aus, auf der anderen Seite stand mein katholisches Elternhaus. Die Familie war mir allerdings wichtiger, auch wenn ich sehr oft geweint habe, weil ich nicht bei all den Dingen mitmachen durfte, die Jungs Spaß machen. Schließlich war ich immer sehr sportlich und hätte die Möglichkeit gehabt, mich im schulischen Bereich von den Nationalsozialisten fördern zu lassen. Ohne mein Eltern-

haus wäre ich sicherlich ein begeisterter Hitler-Junge gewesen. So aber trug die schöne reguläre HJ Uniformen und ging auf Pfadfinderlager, während ich in der Pflicht-HJ von Soldaten der Waffen-SS in ziviler Kleidung gedrillt und schikaniert wurde. Das war schlimmer als später in der Armee.
August Hanz, Berufspolitiker,
Jahrgang 1925

Hitler kam ja erst an die Macht, als ich bereits aus der Schule kam. Zu Beginn war die Mitgliedschaft im BDM noch nicht verpflichtend, so daß ich diese Organisation nie besuchen mußte. Später bin ich dann aber doch noch dienstverpflichtet worden. Meine Aufgabe war es, in einer Gaststätte in unserem Ort zu putzen, wo ich vorher schon gearbeitet hatte. Das wurde schließlich auch bis zum Kriegsende beibehalten. Ansonsten bin ich zum Glück verschont geblieben.
Frieda Schneider, Hausfrau,
Jahrgang 1919

Mit 19 Jahren mußte ich zum Arbeitsdienst. Ich wurde für ein halbes Jahr einem Bauern im Hunsrück zugeteilt. Geschadet hat mir das sicherlich nicht, aber es war für mich auch das erste Mal, daß ich von zu Hause weggekommen bin. Morgens ging es nach Koblenz und von dort weiter nach Boppard, wo wir schließlich umstiegen, um auf die verschiedenen Bauernhöfe verteilt zu werden. Ich habe damals ängstlich gefragt, wer denn zu meiner Arbeitsstelle in Hochscheid fahren würde. Es meldete sich zum Glück jemand, so daß ich spät abends noch dort ankam. Ich stellte fest, daß wir die letzten waren.

Unsere Unterkunft war allerdings nicht mehr als ein Behelfslager. Jeder bekam einen Strohsack, um auf der Erde zu schlafen, denn die Betten waren schon alle belegt. Ansonsten gab es dort keinen Waschraum, sondern nur einen Waschschrank, um den rundherum Stühle mit Schüsseln standen. Die Toiletten befanden sich auf der anderen Straßenseite und bestanden eigentlich nur aus einem Brett und einem Loch darunter. Raus durften wir außer zum Arbeiten nie. Später wurde uns sogar verboten, nachts aufs Klo zu gehen. Für diesen Fall gab es einen Eimer, der dann immer ausgeleert werden mußte, wenn er voll war. Das war keine angenehme Aufgabe, zumal oftmals auch daneben gemacht wurde. Wir mußten außerdem nicht nur unsere Wäsche waschen, sondern auch draußen zu zweit Holz sägen. Zum Glück war ich an Arbeit gewöhnt und habe mich deshalb nicht ganz so dumm angestellt.
Agnes Wirth, Hausfrau,
Jahrgang 1922

Auch bei uns in Herschbach gab es später eine Hitler-Jugend, in die ich eingetreten bin. Dort haben wir Märsche unternommen und exerziert. Mir hat das allerdings keinen besonderen Spaß bereitet, zumal die Gruppenführer sehr streng mit uns umgesprungen sind. Zum Glück bestand aber keine Dienstpflicht, so daß ich schnell wieder ausgetreten bin. Es gab natürlich auch sehr viele, denen es dort ganz gut gefallen hat. Als Kinder wußten wir ja damals nicht, wohin das Ganze letztlich führen würde.
Richard Holzbach, Landwirt,
Jahrgang 1919

Mit 19 oder 20 Jahren wurde ich zum Reichsarbeitsdienst eingezogen. Bei uns lief das ganz ohne irgendeine Uniform ab. Unser Einsatzgebiet war nämlich eine Viehweide in Stockum-Püschen, also ganz in der Nähe meines Heimatdorfes Rotenhain. Dort lagen Unmengen von schweren Steinen herum, die wir wegschaffen mußten. Natürlich standen uns dazu keinerlei Maschinen zur Verfügung, so daß wir alles per Hand verrichteten. Ich glaube, die Haufen, zu denen wir die Steine türmten, sind heute noch zu sehen. Was sollte man auch schon sonst damit anfangen? Immerhin gab es dafür ein paar Mark für uns. Viel war es zwar nicht, aber wir waren in diesen schlechten Zeiten, in denen es kaum Arbeit gab, froh, überhaupt etwas zu verdienen. Der Sinn, der hinter dem Reichsarbeitsdienst allgemein stand, war wohl, daß wir jungen Kerle von der Straße waren. Und das wurde tatsächlich auch erreicht. Später wurde ich schließlich in ein Arbeitsdienstlager versetzt. Dort mußten wir morgens um sechs Uhr schon losmarschieren. Meist sieben oder acht Kilometer lang. Das Schlimmste für mich war allerdings, daß wir dabei immer singen mußten. Dazu hatte ich um diese Tageszeit nun wirklich keine Lust. Wenn es nicht so recht klappte, schickte uns der Truppführer aus der Reihe, und wir mußten auf dem Bauch nebenher kriechen.
Viktor Aust, Sägewerksarbeiter, Jahrgang 1916

Zu der Zeit beim Reichsarbeitsdienst bin ich zum ersten Mal Ski gefahren mit einer unserer Aushilfsführerinnen. In der Beziehung hat es uns an nichts gefehlt. Das galt insbesondere für die Führerinnen. Denen war die einfache

Agnes Wirth (links) vor den spartanischen Toiletten des Reichsarbeitsdienst-Lagers.

Butter noch nicht gut genug, so daß sie noch Kakaobutter bekamen. Als ich einmal in deren Speisekammer geputzt habe, war da alles vorhanden, sogar Apfelsinen. Für uns gab es davon jedoch nichts, höchstens mal zu Weihnachten. In der Regel kamen wir aber mit den Führerinnen ganz gut aus. Nur als ich am Anfang einen Lebenslauf schreiben mußte, mir nichts einfiel und ich erzählte, daß wir keinen BDM im Ort gehabt hatten, wurde ich einmal gefragt, aus welchem Kaff ich denn kommen würde. Dann brauchte ich letztendlich doch keinen Lebenslauf zu schreiben.
Agnes Wirth, Hausfrau, Jahrgang 1922

1942 wurde ich zum Reichsarbeitsdienst herangezogen. Da stand dann zuerst einmal Formalausbildung, also im Gleichschritt marschieren, auf dem Programm. Doch der Schwerpunkt lag trotz des militärischen Charakters in erster Linie auf der Arbeit mit dem Spaten. Wir bauten Flakstellungen und beseitigten Trümmer nach den ersten schweren Bombenangriffen. Außerdem wurde ich auch als Kurier von Frankfurt nach Trier eingesetzt. Ich wurde nach Ablauf der Dienstzeit schließlich gefragt, ob ich denn nicht um ein Jahr verlängern wollte. Obwohl ich daran Interesse hatte, scheiterte die Aktion wieder einmal an der Weigerung meines Vaters, seine Zustimmung per Unterschrift zu erteilen. Damit war ich einer der wenigen, die nicht dabeibleiben durften. Als ich dann nach Hause zurückkam, lag bereits meine Einberufung in die Wehrmacht auf dem Tisch. Zum Glück hatte Hitler die glorreiche Idee, ein Drittel meines Jahrgangs nach Norwegen zu verlegen, nachdem wir

Agnes Wirth (links) bei einer Schneeballschlacht vor der RAD-Baracke.

bereits für den Einsatz in Rußland ausgebildet worden waren. Somit konnte ich den Krieg unbeschadet überstehen.
*August Hanz, Berufspolitiker,
Jahrgang 1925*

Ich hatte das große Glück, von Hitler-Jugend und Reichsarbeitsdienst verschont zu bleiben. Mit der Einführung der allgemeinen Wehrpflicht 1935 wurde ich dann allerdings direkt zum Wehrdienst eingezogen. Beim deutschen Einmarsch ins Rheinland im März 1936 war ich in Aschaffenburg stationiert und wurde sofort nach Rastatt im heutigen Baden-Württemberg verlegt. Sogar Berliner Divisionen waren im Einsatz. Zum Glück leistete jedoch keine der ausländischen Mächte Widerstand, so daß alles glimpflich für uns über die Bühne ging. Allerdings haben wir uns als junge Menschen auch keine großen Sorgen gemacht. Einen älteren Soldaten, der sagte, wir würden zusammengeschossen wie die Hasen, haben wir einfach nur ausgelacht. Es herrschte damals natürlich eine unglaubliche Euphorie. Später habe ich mich allerdings schon gefragt, wofür wir ständig neue Waffen erhielten oder wo sie mit den ganzen Fahrzeugen hin wollten. Die Antwort kam ja bekanntlich 1939. Ich war der einzige von meinen acht Altersgenossen, der sofort eingezogen wurde.
*Albrecht Schütz, Landwirt,
Jahrgang 1914*

Terror und Verfolgung

Ich kann mich an den Fall erinnern, wo ein junger Mann aus Enspel von den Nazis eingesperrt worden ist. Aus rei-

August Hanz beim Reichsarbeitsdienst, 1943.

nem Blödsinn hatte er zum Polizisten »Heil Moskau« gesagt. Er hatte ihn wohl nur etwas ärgern wollen, wanderte jedoch dafür nach Marienberg ins Gefängnis. Man kam von außen an sein Zellenfenster, so daß die Jugend aus Enspeler oft dorthin zog, um ihn mit Wurst und Broten zu versorgen.
*Hildegard Nilges, Hausfrau,
Jahrgang 1919*

Als strenger Katholik und langjähriges Gewerkschaftsmitglied war mein Vater ein entschiedener Gegner des Nationalsozialismus. Als solcher hat er sich oft genug abfällig gegenüber dem Regime geäußert. Manchmal hieß es sogar, daß er nach Dachau müsse, wenn er nicht damit aufhören würde. Selbst der Bürgermeister, der natürlich auch ein Nazi

war, hat damals zu mir gesagt, ich solle dafür sorgen, daß mein Vater den Mund hält. Doch trotz meiner Versuche hat er sich nicht immer daran gehalten. Letztlich hat er wirklich Glück gehabt, bis auf die Tatsache, daß er einmal in eine Gaststätte im Dorf bestellt wurde, wo er angeblich verprügelt worden ist. Mein Vater hat das mir gegenüber jedoch immer energisch bestritten.
Frieda Schneider, Hausfrau,
Jahrgang 1919

Da wir zu Hause einen Traktor hatten, mußten mein Bruder und ich nach Westerburg, um dort den Führerschein zu machen. An einem Tag fragte unser Fahrlehrer meinen Bruder, der sieben Jahre jünger war als ich, ob er schon in der Hitler-Jugend gewesen sei. Als er verneinte, wunderte sich der Fahrlehrer, wie es denn sein könne, daß er als Neffe des Kreisbaumeisters nicht in der Parteiorganisation gewesen war. Er meinte schließlich, daß er am liebsten erst einmal mit ihm exerzieren wolle. Zu der Zeit war ich bereits Reservist und erwiderte deshalb, daß ich in dem Fall sofort mitmachen würde. Danach war er mir gegenüber etwas mißtrauisch. Überhaupt hatte man es schwer, wenn man nicht in der Partei war. Selbst wenn man nur einen Bauantrag stellen wollte, konnten einen die entsprechenden Behörden immer zappeln lassen, bevor sie endlich ihre Zustimmung erteilten oder auch nicht.
Albrecht Schütz, Landwirt,
Jahrgang 1914

Aus Grenzhausen kamen regelmäßig zwei Juden mit einem Handwagen nach Ransbach. Im Frühjahr kauften sie bei den Bauern die jungen Lämmer auf. Als Hitler an die Macht kam, hieß es, man solle nicht mehr bei Juden kaufen. Ich kann mich zum Beispiel daran erinnern, daß in den Städten beinahe alle Geschäfte Juden gehörten. Obwohl oftmals SA-Männer diese Läden überwachten, wurde trotzdem noch dort eingekauft, bis sie sich schließlich doch nicht mehr halten konnten. Ich persönlich bin einmal mit meiner Mutter nach Koblenz zum Einkaufen gefahren, als mich ein jüdischer Geschäftsmann um die Namen aller Ransbacher Kommunionkinder bat. Dafür erhielt ich eine schöne Hose. Als schließlich die Rassengesetze erlassen wurden, waren die Nazis sehr wachsam, Mischehen zu verhindern, so daß man manchmal sogar schon Probleme hatte, wenn sich der Name nur jüdisch anhörte.
Ludwig Hammer, Drechsler,
Jahrgang 1906

Mein Ziel war es schon immer, so viel Geld wie möglich zu verdienen. Deshalb habe ich mich auch besonders angestrengt. Als ich mit meiner Firma einmal in Höhr-Grenzhausen Gräben ausheben mußte, hatte ich auch mehr gearbeitet als alle anderen. Wir wurden pro Quadratmeter bezahlt, doch mein Chef wollte mir den vollen Lohn nicht auszahlen. Also beschwerte ich mich, woraufhin er drohte, mich einzusperren. Er hat mich als »Meuterer« bezeichnet. So schnell konnte es damals gehen. Schließlich rief er sogar ein hohes Tier aus der SA. Ich erklärte ihm die Sachlage, und er verschwand zum Glück wieder, ohne mich zu bestrafen.
Wilhelm Weis, Versicherungskaufmann,
Jahrgang 1921

Der »Meuterer« Wilhelm Weis an einer Betonmischmaschine in Höhr-Grenzhausen.

Aufgrund der großen jüdischen Gemeinde in Meudt gab es hier auch eine Synagoge, die von der Reichskristallnacht im November 1938 betroffen war. Ich habe zu der Zeit morgens im Dorf Milch ausgetragen. Als ich die Borngasse hoch ging, hörte ich eine Frau schreien. Morgens waren Männer gekommen und hatten in der Synagoge alles kaputtgeschlagen. Von Meudt war daran aber niemand beteiligt. Es hieß damals, daß sie aus der Westerburger Berufsschule gekommen seien. Genaueres hat man aber nicht erfahren. Mittags wurde alles mit Benzin übergossen und schließlich angezündet. Der damalige Meudter Bürgermeister, der dazu nachträglich eine Genehmigung erteilen sollte, hat daraufhin gesagt: »Ich habe euch nicht gerufen und gebe euch deshalb auch keine Genehmigung.« Es war wirklich schrecklich. Anschließend wurden alle Juden zusammengetrieben, und man machte Anstalten, sie alle in die Synagoge zu stecken. Die Männer wurden abtransportiert, kamen jedoch nach einiger Zeit alle wieder zurück. Frauen und Kinder wurden in der Metzgerei eingesperrt und später aber wieder freigelassen. Ich sehe noch genau den jüdischen Metzger, der mit meinem Vater befreundet war, vor mir, als er danach sagte: »Für uns ist es jetzt aus, für uns gibt es nichts mehr.«
Agnes Wirth, Hausfrau, Jahrgang 1922

Auch nach Gackenbach kamen regelmäßig jüdische Händler, um Vieh aufzukaufen. Ich habe mich immer über deren Ankunft gefreut, denn für mich als Jungen sprang dabei oft ein kleines Trinkgeld heraus. Als später die Nazis an der Macht waren, wurden wir von der Propaganda in Schule und HJ beein-

flußt. Deshalb habe ich mal einem jüdischen Händler bei einer Gelegenheit zugerufen, er müsse nach Palästina. Da setzte es dann aber Prügel von meiner Mutter, ohne daß ich zu dem Zeitpunkt jedoch genau verstand weshalb.
Wilhelm Weis, Versicherungskaufmann, Jahrgang 1921

An die Reichskristallnacht kann ich mich gut erinnern. Damals stand ich mit einem Freund auf dem Marktplatz in Montabaur. Die Synagoge brannte, und auch die Fensterscheiben der jüdischen Geschäfte waren bereits eingeworfen worden. Davon gab es ja viele in Montabaur, wie zum Beispiel das Kaufhaus Stern in der Wallstraße. Die Juden wurden von fanatischen SA-Männern aus ihren Häusern geholt und danach zum Rathaus gebracht.

Da stand eine Menschenmenge Spalier, worunter auch wir uns befanden. Wir regten uns entsetzlich darüber auf, daß einige junge Burschen nach ihnen traten und schlugen. Wir haben einen von ihnen gepackt und regelrecht vertrimmt. Man kam schnell in den Ruf, »Freund der Juden« zu sein. Deshalb haben wir uns anschließend verdrückt.
Ferdinand Schmidt, Arzt, Jahrgang 1921

Ich kann mich noch gut an die Reichskristallnacht in Westerburg erinnern. Damals war ich gerade damit beschäftigt, noch etwas für die Schule zu besorgen, als ich plötzlich die Synagoge brennen sah. Gleichzeitig wurden die Juden beschimpft und alle möglichen Gegenstände aus ihren Fenstern geworfen. Das war für mich ein schreckliches

Die Synagoge der jüdischen Gemeinde in Meudt fiel 1938 der Reichskristallnacht zum Opfer.

Erlebnis, zumal sich damit für mich die Prophezeiungen meines Vaters bewahrheiteten, daß Deutschland mit Hitler zugrunde gehen würde.
August Hanz, Berufspolitiker, Jahrgang 1925

In Meudt mit seinem hohen jüdischen Bevölkerungsanteil waren Juden allgegenwärtig. Ich persönlich habe alle im Ort gut gekannt. Als Kinder haben wir immer miteinander gespielt. Eine jüdische Familie, mit deren Kindern ich besonders gut befreundet war, hat zum Glück frühzeitig gemerkt, daß die Lage kritisch wurde und hat sich rechtzeitig ins Ausland abgesetzt. Andere hatten da weniger Glück und sind nicht mehr herausgekommen. Man brauchte ja im Ausland einen Bürgen, der zum Glück bei meinen Bekannten vorhanden war.
Maria Assmann, Hausfrau, Jahrgang 1916

In Höhr-Grenzhausen und Montabaur gab es jüdische Geschäfte, bei denen ich des öfteren eingekauft habe. Zu Beginn der vierziger Jahre, als die Juden abtransportiert wurden, hat man einen korpulenten Juden in meinem Alter so lange geschlagen, daß er sechs Wochen kein Wasser mehr lassen konnte. Von seiner Mutter hieß es, man habe ihr derartig fest in den Bauch getreten, daß ihre Därme ausgetreten seien. Wie auch immer, es war furchtbar, zumal ich viele Juden persönlich gut kannte.
Karl Hammer, erwerbsunfähig, Jahrgang 1915

Eine jüdische Familie, die in Daubach neben dem heutigen Friseurgeschäft wohnte, wollte sich nach der Reichs-

Hitler-Jungen ziehen mit ihrer Fahne durch Montabaur. Links im Hintergrund ist das Rathaus zu erkennen, in dem nach der Reichskristallnacht die Montabaurer Juden zusammengetrieben wurden.

kristallnacht ins Ausland absetzen. Vorher versuchten sie noch, von meinem Vater, der Schneider war, eine Jacke mitzunehmen. Da alle Judenhäuser bewacht waren, hatten wir Angst, ihnen die Jacke zu bringen. Zum Glück standen aber vor allen Häusern Einheimische, daß wir letztlich noch zu ihnen gelangen konnten. Später wurden die Juden alle abtransportiert. Die Bevölkerung von Meudt hat ihnen noch geholfen, mit den Handwagen zum Bahnhof zu kommen. Ich glaube, die Familien wurden schon am Bahnhof auseinandergerissen. Irgendwie konnten wir deren Schicksal schon voraussehen, aber daß sie so behandelt würden, hat man nicht gedacht. Einige, die in meinem Alter waren, haben zum Glück überlebt und leben jetzt in England und Belgien.
Agnes Wirth, Hausfrau, Jahrgang 1922

Die Metzgerei Salomon Falkensteins, eines Meudter Judens, nach dessen Deportation ins KZ. Der Schriftzug des alten Besitzers ist noch teilweise unter dem neuen Schild zu erkennen.

Schon vor der Verfolgung änderte sich das Leben der Juden im Ort. Ein Sohn der Familie Falkenstein, der Rechtsanwalt werden wollte, mußte sein Jurastudium aufgeben und betrieb danach für kurze Zeit einen Pelzhandel. Als die Verfolgung dann voll einsetzte, wollte er sich von Meudt absetzen. Er wurde jedoch von einem bekannten Judenverfolger aufgespürt. Letztlich konnte er aber doch über Belgien nach Amerika entkommen. Für alle im Ort verbliebenen Juden brach nun eine harte Zeit an, zumal sie keine Lebensmittelkarten erhielten und so von Haus zu Haus gehen mußten, um Essen zu erbetteln oder zu tauschen. Ich sehe heute noch den alten Metzger Falkenstein an unserer Tür stehen. Man wurde als »Judenknecht« beschimpft, wenn man ihnen half. Später wurden dann alle zusammengetrieben und abtransportiert. Daß man sie in Lager einsperren und entmündigen würde, konnte man sich zwar vorstellen, doch daß man sie umbrachte, glaubten wir nicht.
Maria Assmann, Hausfrau, Jahrgang 1916

Die Deportation der letzten Meudter und Westerburger Juden habe ich hautnah miterlebt. Damals, 1942, war ich gerade auf dem Weg zu meiner Arbeitsstelle, als ich eine Gruppe von Juden am Bahnhof sah, die gerade abtransportiert wurden. Das elende Häuflein bot einen traurigen Anblick. Gesprochen habe ich nicht mehr mit ihnen, denn das war natürlich verboten. Wie sich in meinen späteren Recherchen herausstellte, handelte es sich um die letzten Meudter Juden, die in die Vernichtungslager im Osten deportiert wurden.
August Hanz, Berufspolitiker, Jahrgang 1925

Kriegszeit

Alle Befragten haben den Zweiten Weltkrieg als Erwachsene quasi hautnah miterlebt. Diese prägenden Ereignisse bildeten besonders bei den Männern den Erzählschwerpunkt in den mit ihnen geführten Interviews. Wiedergegeben wurden dabei jedoch nicht etwa Frontberichte, sondern es kamen Themen wie die Einberufung zur Wehrmacht – von der nicht wenige im Schlaf überrascht wurden –, der militärische Drill oder die seltenen Heimaturlaube zur Sprache. Selbstverständlich waren aber auch die Frauen nicht nur indirekt, aufgrund des Schicksals ihrer Väter und Männer, vom Kriegsverlauf betroffen. Wie schon zwischen 1914 und 1918 mußten sie an der »Heimatfront« die Rolle der Männer übernehmen und wurden durch Tieffliegerangriffe sowie die einrückenden Amerikaner schließlich selbst unmittelbar ins Kriegsgeschehen verwickelt.

Kasernenhofdrill bei der Wehrmacht.

Kriegsbeginn

Ich wurde von der Einberufung auf der Herschbacher Kirmes überrascht. Die ersten Soldaten waren bereits samstags eingezogen worden. Ich war montags an der Reihe. Zu dieser Zeit wußte ich noch gar nicht, daß wir überhaupt in Polen einmarschiert waren. Da heiß es plötzlich: »Der Adolf hat Polen überfallen.« Als naiver Junge vom Land konnte ich mir mit meinen 19 Jahren nicht genau vorstellen, was das für mich bedeutete. Ich wußte nur, daß für mich von dem Tag an alles anders werden würde.
Richard Holzbach, Landwirt,
Jahrgang 1919

Kriegsbegeisterung gab es 1939 überhaupt keine. Es herrschte vielmehr eine äußerst getrübte Stimmung. Das galt übrigens auch für die Nazis aus dem Ort, die ja allen gut bekannt waren. Mein Vater sagte zu mir damals prophetisch, der Krieg sei der Untergang Deutschlands. Er hatte bereits im Ersten Weltkrieg gekämpft, war in Verdun verwundet worden und hatte drei Jahre in französischer Gefangenschaft verbracht. Entsprechend negativ war er gegenüber dem Krieg eingestellt, zumal er als Zentrumsmitglied grundsätzlich gegen Hitler war. Er blieb auch später unerschütterlich in seiner Meinung, als Deutschland von Sieg zu Sieg eilte.
August Hanz, Berufspolitiker,
Jahrgang 1925

August Hanz (zweiter von links) vor seiner Einberufung mit Schulfreunden.

1939 lag der Krieg zwar schon etwas in der Luft, der Kriegsausbruch selbst am 1. September kam dann aber doch vollkommen überraschend. Wir lagen zu der Zeit alle im Bett und haben noch nicht einmal mitbekommen, daß an die Tür geklopft wurde. Plötzlich ging meine Schlafzimmertür auf, und mein Vater kam herein, um meinen Bruder im Nachbarzimmer mit den Worten zu wecken: »Walter, es ist Krieg, es ist Krieg! Du mußt aufstehen, du mußt fort!« Der Briefbote war vorher gekommen und hatte bei allen Einberufenen geklopft. Sie kamen anschließend alle nach Montabaur zu den Barmherzigen Brüdern, wo wir meinen Bruder nach zwei Tagen nochmal besucht haben. Manche der Soldaten haben dort noch Galgenhumor gezeigt. Einer von ihnen, der aus Ruppach stammte, sagte: »Ach, Walter, wenn eine Granate kommt, dann ducken wir uns einfach und sagen uns, die trifft den Nächsten.« Heimgekommen ist er allerdings nicht mehr.
Agnes Wirth, Hausfrau,
Jahrgang 1922

Die Kriegserklärung an Polen am 1. September 1939 kam für uns aus heiterem Himmel, auch wenn der Krieg vorher schon irgendwie in der Luft gelegen hatte. Ich war zu dieser Zeit 18 Jahre alt und war beim Reichsarbeitsdienst. So richtig Gedanken darüber habe ich mir in so jungen Jahren eigentlich keine gemacht. Wir waren selbstverständlich nach den Anfangserfolgen in Polen und Frankreich sehr euphorisch und haben alle gehofft, daß wir den Krieg gewinnen. Aber nach dem Überfall auf Rußland 1941, mit dem wegen des Paktes mit Stalin niemand gerechnet hatte, hat sich die Situation für mich grundlegend geändert. Ich kann mich genau daran erinnern, daß ich damals morgens um fünf Uhr mit Fanfaren geweckt wurde und es aus mir herausfuhr: »Jetzt haben wir den Krieg verloren.« Das war während eines Lehrgangs zum Bordfunker. Prompt wurde ich angezeigt wegen dieser defätistischen Aussage. Ich hatte Glück, daß ich nicht in den Bau kam. Von diesem Zeitpunkt an habe ich mir gesagt: »Jetzt mußt du irgendwie versuchen zu überleben.« Ich habe auch meine Ausbildung zum Bordfunker abgebrochen und mir Mühe gegeben, zu den Sanitätern zu kommen. Letztlich ist mir das auch geglückt, da ich bereits mein Physikum in Medizin abgelegt hatte.
Ferdinand Schmidt, Arzt,
Jahrgang 1921

Soldatenzeit

Als alte Hasen, die schon seit Jahren an der Front waren, stellten wir immer wieder fest, wie sehr die jungen Soldaten doch von den Nazis in der Heimat beeinflußt worden waren. Sie wollten so schnell wie möglich das Eiserne Kreuz. Der Enthusiasmus ist ihnen allerdings meistens schnell vergangen, wenn sie erstmal ein paar Tage an der Front verbracht hatten. Ich persönlich war an der Eismeerfront und hatte einmal 27 Monate lang keinen Urlaub. Wenn es dann mal soweit war, war man insgesamt alleine acht Tage unterwegs. Wir hatten allerdings mit 24 Tagen auch immer zwei Tage länger Urlaub, damit die Männer genügend Zeit hatten, neue Soldaten zu zeugen. Das war natürlich ganz im nationalsozialistischen Sinne. Man wollte also erst den Zyklus der Frau abwarten, bevor man uns wieder

zurück an die Front schickte. Wenn man dann aus dem Urlaub in die langen Polarnächte zurückkam, hatte man zumeist »den Moralischen«, wie wir es nannten. Immerhin muß man sagen, daß sich der Verbindungsoffizier stets für seine Soldaten einsetzte, wenn zu Hause etwas vorgefallen war. Deshalb sagten wir immer, sie seien schlimmer als Rechtsanwälte.
Albrecht Schütz, Landwirt, Jahrgang 1914

In Polen war ich noch nicht dabei. Dafür war der Feldzug ja viel zu schnell vorüber. Ich kam zur Ausbildung nach Koblenz. Dort wurden wir ordentlich geschliffen. In der SMG-Kompanie mußte ich schwere Maschinengewehre oder Munitionskisten schleppen. Das war hart, obwohl ich an körperliche Arbeit gewöhnt war. Zum Schießen und Exerzieren mußten wir jedes Mal so weit laufen, daß wir schon nach unserer Ankunft erledigt waren. Später, als ich für die Fahrzeugkompanie abgestellt wurde, wurden wir immerhin mit Bussen dorthin transportiert.
Richard Holzbach, Landwirt, Jahrgang 1919

Den Reichsarbeitsdienst habe ich mir gespart, als ich gesehen habe, wie die Leute dort für wenig Geld schikaniert wurden. Also meldete ich mich direkt freiwillig zur Armee. Irgendwie hat mich jedoch damals mit 18 Jahren der Größenwahn gepackt, und ich bewarb mich bei der Luftwaffe. Diese Waffengattung genoß das größte Ansehen, und

August Hanz mit seinen Arbeitskollegen vor der Handweberei in Westerburg. 1942 mußte der Betrieb schließen, da er als »nicht kriegswichtig« eingestuft wurde.

deshalb wollte ich unbedingt fliegen. Dann sah ich jedoch die ganzen zerschossenen Flugzeuge, und mir verging die Lust schnell wieder. Schließlich wurde ich nach reiflicher Überlegung doch lieber Funker.
Wilhelm Weis, Versicherungskaufmann,
Jahrgang 1921

Viel vom Krieg erzählt hat mein Bruder eigentlich nie, wenn er auf Heimaturlaub nach Hause kam. Allerdings kann ich mich daran erinnern, daß er einmal berichtete, daß er schon von einem Russen gefangengenommen worden war. Er hatte aber irgend etwas in der Hand, mit dem er dem Russen dann eins übergezogen hat, als der sich zufällig mal bückte. Zum Glück war er nicht weit von der Front weg, so daß er sich wieder zu den deutschen Linien retten konnte. Bei der Aktion wurde er auch verwundet, denn der russische Soldat hat schließlich noch auf ihn geschossen. Im nachhinein hat er sich später gefragt, wie er das nur machen konnte, aber er hatte einfach Angst vor der russischen Gefangenschaft. Der Abschied von ihm fiel gerade nach solchen Geschichten natürlich um so schwerer.
Agnes Wirth, Hausfrau,
Jahrgang 1922

Heimaturlaub zu bekommen, war natürlich immer etwas ganz Besonderes. Den gab es allerdings auch nur sehr selten. Einmal war ich zwei Jahre am Stück nicht zu Hause und dann auch nur für knapp eine Woche. Wer heil und unverwundet nach Hause kam, hatte einfach viel Glück gehabt. Der Großteil meines Jahrgangs und meiner Freunde ist gar nicht mehr zurückge-

Ludwig Hammer bei einem seiner seltenen Heimaturlaube.

kommen. Während des Urlaubs war man mit seinen Gedanken natürlich immer an dem Tag, an dem man wieder an die Front mußte. Meiner Mutter gegenüber habe ich meine Angst aber nie gezeigt, denn die weinte in solchen Fällen immer. Schließlich konnte jeder Abschied der letzte sein.
Richard Holzbach, Landwirt,
Jahrgang 1919

Als ich schließlich zur Wehrmacht kam, war ich doch ziemlich enttäuscht. Ich hatte mir vorgestellt, bei der Luftwaffe in einem schönen Zimmer zu wohnen. Die Unterkunft war allerdings sehr primitiv. So mußten wir ohne Decken auf Strohsäcken schlafen. Außerdem drängten sich ganze sechs Männer in dem

»Wenn man im Wasser ist, muß man eben mitschwimmen«, lautete Viktor Austs fatalistisches Motto zu Kriegsbeginn.

kleinen Raum. Ich kann mich erinnern, daß ich die erste Nacht vor lauter Heimweh geweint habe. Erst später wurde es etwas besser, als ich mich an den neuen Zustand gewöhnt hatte.
Wilhelm Weis, Versicherungskaufmann, Jahrgang 1921

Zu Kriegsbeginn habe ich mir keine großen Gedanken gemacht. Wenn man im Wasser ist, dann muß man eben mitschwimmen. Wenn wir glücklicherweise mal für ein paar Tage auf Heimaturlaub waren, mußte man immer auf fanatische Nachbarn aufpassen, damit man ja nichts Falsches sagte. Ich hatte auch so einen, der den Krieg über im Dorf bleiben durfte und erst gegen Ende an die Front kam. In der Familie hatte man ja nichts zu befürchten, und wir haben eigentlich auch nichts beschönigt. Aber wir Soldaten waren durch die Propaganda selbst auch etwas fanatisch angehaucht. Letztlich hatten wir Glück, von uns fünf kamen bis auf meinen Bruder Richard alle wieder nach Hause zurück.
Viktor Aust, Sägewerksarbeiter, Jahrgang 1915

Da ich das Glück hatte, in Frankreich stationiert zu sein, erhielt ich sehr oft Heimaturlaub. Darauf hat man sich natürlich ganz besonders gefreut. Die Zeit habe ich immer dazu genutzt, Freunde zu besuchen. Außerdem hat man auch schon mal Frauen kennengelernt. Sonst habe ich neben dem eigentlichen Heimaturlaub oft auch erfolgreich Ernteurlaub beantragt. Schließlich hatten wir ja Landwirtschaft. Zum Glück fiel der Abschied von meiner Mutter nie ganz so schwer, da ich mich ja nicht direkt in der Gefahrenzone befand. Das wurde erst später etwas problematischer, als ich nach Jugoslawien verlegt wurde und mit Partisanen und Tiefliegern zu kämpfen hatte.
Wilhelm Weis, Versicherungskaufmann, Jahrgang 1921

An der Heimatfront

Mein Mann hatte Magenprobleme und mußte zum Glück deshalb nicht an die Front. Zuerst kam er nach Wilhelmshaven, um dort in einer Waffenfabrik zu arbeiten. Als diese bei einem Fliegerangriff der Amerikaner in die Luft flog, wurde er nach Düsseldorf geschickt. Die Stadt war kurz davor ebenfalls bombardiert worden, und er

wurde zum Wiederaufbau als Zimmermann herangezogen, obwohl er vorher noch nie auf Dächern gearbeitet hatte. Später wurde er nach Frankfurt versetzt, die Hauptstadt des damaligen Gaues Hessen-Nassau. Da blieb er bis zum Kriegsende.
*Anna Mies, Hausfrau,
Jahrgang 1909*

Gegen Ende des Krieges flogen viele Tiefflieger über Helferskirchen nach Siershahn, um den dortigen Bahnhof zu bombardieren. Obwohl auf unser Dorf selbst keine Bombe fiel, kann ich mich noch gut daran erinnern, daß meine Tante vor derartigen Angriffen schreckliche Angst hatte. Wir sagten damals immer, sie würde die Flieger bereits hören, wenn sie in England abheben. Allerdings wurde einmal in der Nähe des Dorfes ein Flugzeug abgeschossen. Ich bin jedoch nicht dorthin gegangen. Mir wurde aber berichtet, daß zumindest ein Pilot überlebt hat und dann anschließend gefangengenommen wurde. Das Wrack mußte später ausgegraben werden, so tief hatte es sich in die Erde gebohrt. Als die Amerikaner einmarschierten, ist es dann zum Glück ruhig geblieben. Die haben sich damals die besten Häuser ausgesucht, um sich dort einzuquartieren. Die Bewohner wurden dabei selbstverständlich hinausgeworfen. Unser Haus war aber zum Glück nicht darunter.
*Frieda Schneider, Hausfrau,
Jahrgang 1919*

Wilhelm Weis (links) als Besatzungssoldat in Frankreich.

Nachdem mein Bruder eingezogen worden war, erhielten wir bei uns zu Hause einen französischen Kriegsgefangenen. Er war ein sehr netter Kerl. Als mein Cousin, der vorher mit ihm zusammen im Steinbruch gearbeitet hatte, im Krieg fiel, hat er vor lauter Trauer den ganzen Tag nichts gegessen. Beide waren sehr gute Freunde gewesen. Übrigens war mein Cousin kurz vor seiner Einberufung im Kino gewesen, war jedoch rausgeschmissen worden, weil er angeblich noch zu jung dafür war. Für den Krieg war er dann anscheinend alt genug gewesen. Doch zurück zu unserem französischen Gefangenen. Ich weiß noch, daß er stundenlang in seinem Zimmer gesessen hat, um Deutsch zu lernen. Das war auch die Sprache, mit der er sich mit den anderen italienischen und polnischen Gefangenen unterhielt. Er durfte sich ja frei bewegen und saß auch bei uns am Tisch, obwohl das offiziell verboten war. Die Tür seines Zimmers hatte keine Vorrichtung, mit der man sie von außen abschließen konnte. Als einmal ein Wachmann kam und diesen Zustand monierte, montierte er kurzerhand den Riegel vom Schweinestall ab und befestigte ihn an seiner Tür. Leider ist er in den letzten Wochen des Krieges noch umgekommen.
Hildegard Nilges, Hausfrau,
Jahrgang 1919

Alle zwei Wochen habe ich meinen Mann zusammen mit meinem kleinen Sohn am Bahnhof abgeholt. An einem dieser Tage kam er aber nicht. Sein Zug war hinter Limburg von Tieffliegern angegriffen worden. Ihm ist zum Glück nichts passiert. Ich kann mich aber an einen Mann aus Horressen erinnern, der aus Rußland zum Heimaturlaub gekommen war. Von Limburg aus hatte er angerufen, seine Frau solle ihn von dort abholen. Sie nahm ein Wägelchen mit, um seinen Tornister transportieren zu können. Er stand noch am Bahnsteig, als plötzlich zwei Flieger auftauchten und ihn dort erschossen.
Anna Mies, Hausfrau,
Jahrgang 1909

An einem Sonntagmorgen, als ich wegen des Gottesdienstes alleine zu Hause war, gab es einen Riesenknall. Ein Tiefflieger hatte eine Bombe auf den Wasserturm abgeworfen. Getroffen hat er ihn jedoch nicht. Die ständige Angst vor den Fliegern war manchmal unerträglich, zumal sie wie aus dem Nichts auftauchten. Wenn man sie dann sah, war es meistens schon zu spät. Deshalb hat man sich nachher auch nicht mehr aufs Feld gewagt, denn Bauern wurden auch oft angegriffen.
Maria Assmann, Hausfrau,
Jahrgang 1916

Die Tiefflieger flogen gerade mal so hoch, daß sie über die Häuser hinweg fliegen konnten. Und entsprechend gut konnten die Piloten auch zielen. Einem Bekannten haben sie sogar in den Kleiderschrank geschossen, ohne daß dabei jedoch jemand verletzt wurde. Wenn es Alarm gab, sind die meisten Dorfbewohner in Stollen der umliegenden Steinbrüche geflohen. Ich persönlich habe ihnen allerdings oft zugeschaut, weil Enspel selbst nur selten angegriffen wurde. In der Regel hatten es die Flieger auf die Nistertalbrücke abgesehen. Getroffen haben sie die aber nie.
Hildegard Nilges, Hausfrau,
Jahrgang 1919

In Ransbach ist soweit ich weiß nur eine Bombe gefallen. In Ebernhahn aber vermutete man eine Funkstelle, so daß der Ort mehrmals Ziel von Tieffliegerangriffen wurde. Ansonsten blieben sogar die Fabriken im Ort weitestgehend von Bombardements verschont. Wir haben jedoch oft die alliierten Flugzeugverbände gesehen, wenn sie auf dem Weg nach Frankfurt waren. Das kann man mit Worten gar nicht beschreiben, sondern muß es selbst gesehen haben. Man hatte den Eindruck, der gesamte Himmel sei voller Vögel. Eines Tages wurden fünf Kanadier über uns abgeschossen. Ich kann mich noch an den gewaltigen Knall erinnern, worauf dann mein Vater rief: »Karl, komm schnell rein! Der kommt runter!« Die Insassen sind nicht mehr rechtzeitig mit dem Fallschirm herausgekommen, sondern waren alle sofort tot. Die Leichen wurden in Kisten begraben und nach dem Kriegsende von den Amerikanern wieder ausgegraben.

Karl Hammer, erwerbsunfähig, Jahrgang 1915

Während des Zweiten Weltkriegs gab es in Helferskirchen ein Gefangenenlager, das selbstverständlich von einem Wachmann, der aus dem Dorf stammte, überwacht wurde. Die Insassen mußten den Landwirten im Dorf tagsüber helfen. Sie wurden dort auch verpflegt, durften aber auf keinen Fall mit am Tisch essen. Das war strengstens verboten, wie überhaupt jeglicher Kontakt mit ihnen. Zwischenfälle hat es deshalb eigentlich keine gegeben. Wir selbst hatten keine Gefangenen.

Frieda Schneider, Hausfrau, Jahrgang 1919

Gegen Ende des Krieges entwickelte sich der Beschuß durch Tiefflieger zum Schrecken der Landbevölkerung.

Auch in Daubach gab es gelegentlich Angriffe durch Tiefflieger. Am 12. März 1945 ist ein Mann aus Daubach, der von Montabaur zurückkam, bei Untershausen zusammen mit seinem Sohn angegriffen worden. Die Tiefflieger kamen von unten hoch aus Richtung Niederelbert und haben den Mann, den Jungen und das Pferd totgeschossen. Die Frau hatte vorher schon ihren ältesten Sohn im Krieg verloren.
Anna Mies, Hausfrau,
Jahrgang 1909

Ich war einmal in Frankfurt auf einem Luftschutzlehrgang. Dort lernten wir, Verbände anzulegen und Gasmasken aufzuziehen. Eines Abends hatten wir Bereitschaft bei einem Bombenangriff auf die Stadt, mußten zum Glück aber nicht raus. Damals hatte ich unheimliche Angst. Wir befanden uns in dem Keller des Ausbildungszentrums in Sachsenhausen, aber direkt betroffen waren scheinbar andere Stadtviertel. Obwohl es sich so angehört hatte, als hätten die Bomben direkt über uns eingeschlagen, habe ich später keine Schäden sehen können.
Agnes Wirth, Hausfrau,
Jahrgang 1922

In der Kriegszeit mußte jeder irgendwie sehen, wie er klarkam. Bei uns war das besonders schwer, weil wir noch einige Verwandte unterbringen mußten, die ausgebombt worden waren. Die finanzielle Unterstützung, die wir dafür beantragt hatten, wurde schließlich auch noch abgelehnt. Immerhin sind

Agnes Wirth wurde während eines Luftschutz-Lehrgangs Zeugin eines Bombenangriffs auf Frankfurt.

meine Brüder alle wieder heil aus dem Krieg zurückgekommen. Mein ältester Bruder, der aufgrund einer Verletzung bereits frühzeitig nach Hause kam, hat gegen Ende des Krieges einen Unterstand gebaut. Dort hatte genau ein Bettchen für seinen kleinen Sohn Platz. Bei Fliegerangriffen haben allerdings auch wir an diesem Ort Schutz gesucht.
Maria Assmann, Hausfrau,
Jahrgang 1916

Kriegsende

Ich kann mich genau erinnern, wie es war, als die Amerikaner damals gekommen sind. Mein Mann war zu der Zeit bereits seit kurzem wieder aus dem Krieg zurück und hat bei der Bahn gearbeitet. Deshalb trug er eine Mütze mit einem kleinen Hakenkreuz, so daß er von den Soldaten, die sofort nach dem Einmarsch die Häuser durchsuchten, für einen Nazi gehalten wurde. Sie riefen die ganze Zeit: »Hitler, Hitler!« Aber am Ende ist zum Glück noch alles gut gegangen. Trotzdem haben wir danach alle derartigen Zeichen weggeworfen. Sonst gab es keine großen Zwischenfälle, denn keiner hat mehr Widerstand geleistet. Überall wurden vielmehr weiße Fahnen rausgehängt.
Agnes Wirth, Hausfrau,
Jahrgang 1922

Als die Amerikaner im März 1945 in Meudt einmarschierten, war es geradezu sommerlich heiß. Man hörte sie schon von weitem. Es war ein unheimliches, irgendwie zischendes Geräusch. Wir hatten natürlich alle Angst. Überall hingen die weißen Fahnen aus den Fenstern. Als sie schließlich mit ihren Panzern einrückten, versammelten sich die deutschen Soldaten auf der Straße Richtung Berod. Aber zu dem Zeitpunkt war es selbstverständlich bereits zu spät. Als sie eingeholt worden waren, strömten sie wieder zurück und boten mir alle möglichen Gegenstände wie Zigaretten und Schmuck zum Tausch an. Sie wußten ja genau, daß sie sowieso alles abgenommen bekommen würden. Unter der Bahnbrücke lagen eine ganze Menge zerrissener Geldscheine. Auf dem Feld lag eine geschlachtete Kuh, die sie wohl hatten zurücklassen müssen. Da ja alle Wege blockiert waren, zogen die Deutschen von sich aus Richtung Kirchhof, wo sie sich schließlich sammelten und nach ein paar Tagen abtransportiert wurden. Mein Bruder kam auch dorthin, und ich war eine der letzten, die da noch Einlaß erhielt. Dazu mußte ich all meinen Mut zusammenfassen, da die Gefangenen selbstverständlich bewacht wurden.
Maria Assmann, Hausfrau,
Jahrgang 1916

Mein Bruder Walter ist erst in Meudt in Gefangenschaft geraten. Er war am Arm verwundet worden und hatte in Wetzlar im Lazarett gelegen. Als die Front immer näher an ihn heranrückte, hat er sich dann auf den Weg nach Hause gemacht. Nachdem die Amerikaner auch in Meudt einmarschiert waren, hieß es plötzlich, alle Soldaten müßten sich zur Aufnahme der Personalien melden. Die Amerikaner hatten ihr Quartier im Haus des Arztes Dr. Lang eingerichtet, und dort meldeten sich mein Bruder und mein Mann Arnold auch. Während mein Mann allerdings wieder laufen gelassen wurde, erzählte man uns, daß Walter mit einem Jeep zu

Die Ruhe vor dem Sturm: Klara Wolf in den letzten Kriegstagen in der »Hamolder« zwischen Großholbach und Montabaur.

dem Feld abtransportiert worden war, auf dem sich heute der neue Friedhof von Meudt befindet. Also sind wir abends dorthin gelaufen und haben den Gefangenen Stroh zum Schlafen gebracht. Zu Walter gelassen wurden wir jedoch nicht, sondern wir mußten alles an der Kirchenmauer an einen netten amerikanischen Soldaten abgeben. Am nächsten Tag berichtete er uns, daß mein Bruder über Nacht weggebracht worden sei, wahrscheinlich in ein Lazarett. Tatsächlich ist er aber noch bis nach Amerika in Gefangenschaft verschifft worden. Das war im Frühjahr 1945, und wir wußten zu dieser Zeit nichts davon. In unserer Aufregung sind wir schließlich, obwohl uns unser Glaube das eigentlich verbot, zu einer Frau gegangen, die angeblich aus den Karten lesen konnte. Sie sagte uns, er sei weit fort, über dem Wasser – und es hat ja dann tatsächlich auch gestimmt. Später ist dann jemand aus Helferskirchen zurückgekommen, der uns von Walter berichtete und uns versicherte, daß auch er bald zurückkehren würde.
*Agnes Wirth, Hausfrau,
Jahrgang 1922*

Durch glückliche Umstände bin ich im April 1945 nach kurzer amerikanischer Gefangenschaft Lazarettarzt im Vinzenz-Krankenhaus zu Montabaur geworden, obwohl ich noch über keinerlei Erfahrung verfügte und gerade erst ein Notexamen absolviert hatte.

Aber Ärzte wurden damals händeringend gesucht. Nachdem die Amerikaner nach ein, zwei Wochen abgezogen waren, kamen die Franzosen, und die waren unbedingt darauf aus, SS-Soldaten zu erwischen. Die erkannte man daran, daß sie ihre Blutgruppe in die Achselhöhlen tätowiert hatten. Bei den Älteren war mir das ja egal, aber den Jungs von der SS-Division Hitlerjugend, die gerade mal 15, 16 Jahre alt waren, haben wir zum Teil die Tätowierungen entfernt. Das fiel allerdings nach einiger Zeit auf, so daß wir schließlich Durchschüsse konstruierten.
Ferdinand Schmidt, Arzt,
Jahrgang 1921

Gegen Mittag, als wir alle beim Essen waren, standen die Amerikaner vor der Tür. Wir öffneten selbstverständlich und wurden von den Soldaten mißtrauisch gemustert, bevor diese schließlich ein selbstgeschreinertes Andenken meines Bruders aus dem Afrika-Feldzug beanstandeten. Dann hielten sie Ausschau nach Hitler-Fahnen. Einer Nachbarsfrau, bei der die Amerikaner ein Gewehr gefunden hatten, wollten sie das Haus anstecken. Ich hatte zum Glück schon alles Belastende weggetan. Deshalb blieb es bei einem Blick in Speicher und Keller. Zum Glück blieben die Lebensmittel, die ich in der Werkstatt hinter dem Haus versteckt hatte, vor den Soldaten verschont. Sie saßen sogar auf einem Stuhl, unter dem ich eine Schüssel mit Eiern gestellt hatte, ohne etwas zu bemerken. Andere im Dorf hatten da weniger Glück und bekamen ihre Lebensmittel einfach so in den Hof geschmissen, oder man holte ihnen den Schinken vom Speicher und machte sich einen schönen Tag. Gefährlich war es auch für Frauen, die alleine zu Hause waren. Schließlich brauchte man nur mit dem Gewehrkolben die Tür aufzustoßen, und schon war man drinnen. Deshalb ist so manche Frau weggelaufen und hat woanders übernachtet. Es herrschten eben Kriegszustände. Alle paar Tage wurden die Häuser erneut nach versteckten deutschen Soldaten durchsucht.
Maria Assmann, Hausfrau,
Jahrgang 1916

Anfang 1945 wurde meinem Mann, der wöchentlich zwischen Daubach und Frankfurt pendelte, geraten, am nächsten Tag nicht mehr in die Stadt zu fahren. Angeblich hatten die Amerikaner die Strecke schon unter Kontrolle. Tatsächlich war der Krieg für ihn danach vorbei. Ich kann mich aber daran erinnern, daß die Polen, die bei uns als Kriegsgefangene gearbeitet haben, noch bis zum Herbst hierbleiben mußten. Sie haben sich zwar mehrere Male bei Stendebachs in Montabaur versammelt, aber der Rücktransport hat sich immer weiter hinausgezögert. Einer von ihnen ist sogar zu mir gekommen und hat mich gefragt, ob es noch Arbeit auf dem Feld geben würde. Natürlich gab es die. Dann hat er den ganzen Acker mit einer Kuh als Zugtier bearbeitet. Doch die war für solche Arbeiten natürlich nicht geeignet und hat wohl ganz schön unter dieser Prozedur gelitten.
Anna Mies, Hausfrau,
Jahrgang 1909

Kurz bevor die Amerikaner in Enspel einmarschierten, war ich mit einer Gruppe aus dem Dorf nach Nistertal

aufgebrochen, um dort Schnaps zu besorgen. Als wir zurückkamen, wurde mir von einer Bekannten berichtet, die Amerikaner würden mit Panzern und aufgepflanzten Bajonetten im Dorf einmarschieren. Eine Begleiterin meinte daraufhin, sie wolle weglaufen. Letztlich konnten wir sie aber davon überzeugen, daß es besser war, zu bleiben. Tatsächlich wurde es dann auch nicht so schlimm, abgesehen davon, daß die Amerikaner letzten Endes unseren ganzen Schnaps getrunken haben. Ansonsten durchsuchten sie nur alle Räume vom Keller bis zum Speicher und aßen uns alle Eier weg. Außerdem nahmen sie Hitlers »Mein Kampf«, den ich zur Hochzeit geschenkt bekommen hatte, als Trophäe mit nach Amerika. Alles in allem verhielten sie sich jedoch ganz ordentlich.
Hildegard Nilges, Hausfrau, Jahrgang 1919

Zwischen Hamstern und Neuanfang

Nach dem Einmarsch der Amerikaner im März 1945 war der Krieg für die Westerwälder zu Ende. Als Besatzungstruppen folgten später die Franzosen, die sich jedoch durch das Beschlagnahmen von Vieh und gelegentlichen Plünderungen den Unmut der Bevölkerung zuzogen. Mangels einer stabilen Währung und aufgrund des Zusammenbruchs der deutschen Volkswirtschaft setzte nun die Phase des großen Hamsterns ein. Kaum einer der Zeitzeugen, der keine Anekdote aus dieser Zeit der Tausch- und Schmuggelgeschäfte mit den ausgebombten, in Scharen aufs Land strömenden Städtern erzählen kann. Mitten in dem allgemeinen Chaos galt es schließlich auch noch, die zahlreichen Kriegsheimkehrer und Flüchtlinge zu integrieren. Während die Soldaten freudig begrüßt wurden, erwartete die Neuankömmlinge aus dem ehemals deutschen Osten ein eher kühler Empfang. Mit der Währungsreform 1948 fanden die anarchischen Zustände zumindest auf wirtschaftlichem Gebiet ein abruptes Ende, ein Ereignis, das in den Gedächtnissen als Beginn des gewaltigen Wirtschaftsaufschwungs haftengeblieben ist.

Im Mai 1945 hatten die Schrecken des Krieges auch für die Kinder ein Ende.

Besatzungszeit

Meudt war gegen Ende des Krieges praktisch zweigeteilt in eine amerikanische und eine französische Hälfte. Dann wurden einfach einige Häuser geräumt, manche Geschäftshäuser wurden sogar geplündert. Die Leute, die darin gewohnt hatten, mußten natürlich raus. Meine Tante, die auch davon betroffen war, ist damals zu uns gezogen. Die einquartierten Soldaten haben einfach alles weggegessen, obwohl die meisten selbst nicht viel hatten. Zu meinem Vater kamen die Amerikaner, weil er Schneider war und sie Stoffe haben wollten. Dabei wurde unser Haus durchsucht, aber viel hatte er ja nie da. Dafür haben sie allerdings einen kleinen Fotoapparat und Eingemachtes aus unserem Keller mitgenommen.
Agnes Wirth, Hausfrau,
Jahrgang 1922

Als Ortsbürgermeister mußte mein Vater natürlich auch Mitglied der NSDAP sein. Deshalb kamen nach Kriegsende Besatzungssoldaten in unser Haus, um ihn von seinem Amt zu entheben. Er selbst war damals gar nicht da. Nur ich war alleine zu Hause. Zufällig stand ein Mann im Hof, und ein amerikanischer Soldat fragte mich, um wen es sich bei ihm denn handele. Ich antwortete, er sei aus dem Dorf, worauf der Soldat ihn zu sich beorderte und sagte, daß er von nun an Bürgermeister wäre. Als mein Vater später kam, war er seines Postens enthoben. Damit war die Angelegenheit erledigt.
Hildegard Nilges, Hausfrau,
Jahrgang 1919

Die makabersten Vorfälle im Lazarett ereigneten sich immer nachts, wenn die Leute starben, denn schließlich wurden die Betten für Neuankömmlinge benötigt. Dann haben wir die Toten hochgehoben und in die Spinde gesteckt, die überall an der Wand standen. Nach acht Stunden war die Totenstarre eingetreten, so daß man sie stocksteif herausheben und auf einem bereitstehenden Wagen stapeln konnte. Danach wurden sie zum Friedhof gebracht und dort zu Dutzenden begraben. Zu dieser Zeit, es war Mai, war es entsetzlich heiß. Anfangs hatte man noch genügend Särge, aber die wurden schließlich immer knapper und das Holz entsprechend immer frischer. In der Hitze ist das Holz getrocknet und hat natürlich unter der Spannung ständig geknackt. Deshalb haben sich viele Leute aus Montabaur beschwert, die Soldaten würden lebendig begraben, denn sie hielten dieses Knacken des Holzes für das Klopfen der darin liegenden Männer. Es kam zu einem Riesentumult, und die Särge wurden mit einem Stethoskop abgehorcht, um dann schließlich sogar geöffnet zu werden. Die Toten waren aber bereits in Verwesung übergegangen und stanken folglich bestialisch.
Ferdinand Schmidt, Arzt,
Jahrgang 1921

Nach Kriegsende gab es überall im Ort ehemalige ausländische Kriegsgefangene. Manche hatten bereits vorher in Meudt gearbeitet, andere wiederum kamen aus der Umgebung in den Ort geströmt. Wir hatten alleine 13 Russen in der Scheune. Zwei von ihnen sprachen Deutsch. Ich kann mich noch gut daran erinnern, daß einer von ihnen

mir damals sagte, er habe lange genug Steckrüben gegessen, und nun sei es an der Zeit, daß auch die Kapitalisten sich mal daran gewöhnen müßten. Daraufhin haben sie dann ein Lebensmittellager im Ort geplündert. Ihre Ausbeute an Zukker, Mehl und Salz gaben sie schließlich mir, damit ich ihnen davon etwas kochen konnte. Verdenken konnte ich ihnen das nicht, zumal ich ansonsten sehr gut mit ihnen zurecht kam. Nachdem ich sie 14 Tage lang mit Sauermilch, dicker Suppe, Kuchen und Sauerkraut versorgt hatte, wurde das Unterdorf geräumt und alle Russen ins Oberdorf umquartiert. Das bedeutete für die Bewohner, daß sie ihre Häuser verlassen mußten. Sie mußten dann selbst zusehen, wo sie übernachten konnten. In manchen Häusern hatten die Gefangenen zu allem Überfluß alles herausgeräumt und den Boden mit Stroh bedeckt.
Maria Assmann, Hausfrau,
Jahrgang 1916

In der Regel haben wir Soldaten, die amputiert werden mußten, nach Marburg bringen lassen. Akute Fälle haben wir aber selbst behandeln müssen. So hatte eines Nachts ein deutscher Soldat schrecklich starke Blutungen aus der Leistenarterie. Wir haben uns bemüht, das Gefäß abzuquetschen. Leider ist es uns gerissen. Dann daneben zu stehen und ihm beim Verbluten zuzusehen war schon sehr tragisch, zumal man weiß, daß man ihm hätte helfen können, wenn man besser Bescheid gewußt hätte. Er hat mich dann noch nach einer Zigarette gefragt, sie geraucht und war schließlich tot.
Ferdinand Schmidt, Arzt,
Jahrgang 1921

In Unnau waren die Franzosen als Besatzungsmacht stationiert. Kurz nach ihrem Eintreffen haben sie bei uns alle großen Tannen abgeschnitten und abtransportiert. Dem sind ganze Waldstücke zum Opfer gefallen. Damals hat der ganze Bahnhof voll Bauholz gelegen. Darüber hinaus mußte auch das gesamte Vieh im Ort auf den Sportplatz getrieben werden, damit sich die Franzosen die besten Stücke davon heraussuchen konnten. Wenn sich eine Kuh das Horn abgebrochen hatte, kam sie schon mal nicht mit nach Frankreich. Meine Frau mußte eine Kuh und zwei Schweine abgeben. Abends mußten alle von der Straße sein, denn zu der Uhrzeit begann die Sperrstunde.
Albrecht Schütz, Landwirt,
Jahrgang 1914

Wir hatten einige Franzosen in der Wohnung meiner Eltern. Ich hatte mir damals unter anderem so ein wunderschönes Truppenarztbesteck unter den Nagel gerissen. Zufälligerweise war einmal niemand von uns im Haus, und als wir wiederkamen, hatte ein Franzose alles durchwühlt und das Besteck mitsamt der Goldmünzen meiner Eltern geklaut. Darauf bin ich empört zu der französischen Kommandantur gelaufen, die sich zu der Zeit im heutigen Gericht befand, um mich zu beschweren. Zur Aufnahme der Anzeige mußte ich in den Keller gehen, wo sonst die Häftlinge saßen, und dort haben sie mich geschlagen, bis ich unterschrieb: »Ein französischer Soldat stiehlt nicht.« Hätte ich den Zettel nicht unterschrieben, wäre ich windelweich geprügelt worden.
Ferdinand Schmidt, Arzt,
Jahrgang 1921

In der Besatzungszeit mußte immer ein bestimmter Teil des Viehbestandes abgegeben werden. Natürlich hielt man sich nicht daran, so daß die Franzosen der Sache nicht ganz trauten und eine Razzia im Dorf durchführten. Wir mußten also das gesamte Vieh zum Gemeindehaus treiben, wo sich die Franzosen dann einfach alles herausnahmen, was ihnen am besten gefiel. Wir hatten zwei kleine Schweinchen, die wir natürlich unbedingt behalten wollten. Also versteckten wir sie vor den Soldaten, die Haus für Haus durchsuchten. Ich kann mich noch gut erinnern, welche Angst ich damals hatte. Mich hätte beinahe der Schlag getroffen, als eines Abends mein späterer Mann an die Tür klopfte, denn ich hatte ihn natürlich für einen Franzosen gehalten. Letztendlich hat die Aufregung jedoch nicht so viel genutzt, denn mein Bruder hatte die Schweinchen unter ein Holzfaß gesteckt und ihnen zu wenig Luft gelassen, so daß eines erstickte.
Frieda Schneider, Hausfrau,
Jahrgang 1919

Im Lazarett hatten wir auch nach dem Einmarsch der Amerikaner in Montabaur natürlich noch alle Hände voll zu tun, denn an anderen Orten wurde ja noch bis Mai gekämpft. Jedesmal, wenn die Transporte mit Schwerverletzten kamen, war es so, daß gleich zu Beginn ein, zwei Tote aus den Autos herausfielen. Die anderen wurden so gut es ging versorgt. Zum Glück hatte ich zwei sehr gut ausgebildete Sanitäter, die mit mir Tag und Nacht schufteten. Ich war zwar als Medizinstudent offiziell der Chef, aber eigentlich konnten die beiden viel mehr als ich. Selbstverständlich sind damals viele Menschen gestorben, die nicht hätten sterben müssen. Deshalb war ich froh, als nach zehn, zwölf Tagen endlich erfahrene Ärzte kamen und ich ins zweite Glied versetzt wurde. Leider war genau in der Zwischenzeit der größte Andrang. Ich schätze, daß täglich 30 bis 40 Soldaten starben. Da war man einfach vollkommen überfordert.
Ferdinand Schmidt, Arzt,
Jahrgang 1921

Tausch- und Schmuggelgeschäfte

Ein guter Freund von mir, mit dem ich zusammenwohnte, sprach perfekt Englisch, da er in amerikanischer Gefangenschaft gewesen war. Er wurde von den Amerikanern als Dolmetscher eingesetzt und hatte daher die besten Beziehungen, besonders zu Zigaretten. Mit Zigaretten konnte man gute Geschäfte machen. Wir sind damit auf die Dörfer gefahren und haben mit Bauern gegen Brot und Schinken getauscht. Außerdem haben wir uns schon mal Rezepte drucken lassen und den Leuten Medikamente verschrieben. Verschreiben durfte man ja ruhig, denn es gab ja in den Apotheken sowieso nichts.
Ferdinand Schmidt, Arzt,
Jahrgang 1921

Nach dem Krieg waren die wenigen Züge, die von den Städten auf das Land fuhren, vollkommen überfüllt. Die Leute haben sogar auf den Trittbrettern gestanden, um noch mitgenommen zu werden. Teilweise kamen sie sogar von Köln in den Westerwald, um Nahrungsmittel zu hamstern. In der Regel besaßen sie ja mehr Wertgegenstände

Das von der Alliierten Militärbehörde in Umlauf gebrachte Geld stieß auf wenig Vertrauen bei der Bevölkerung.

als wir auf dem Land, und so tauschten sie diese gegen Weizen, Kartoffeln, Butter, Brot oder andere Lebensmittel. Wir auf dem Land konnten uns zwar satt essen, aber es war beinahe schon eine Sensation, wenn jemand nur neue Schuhriemen hatte. Das war selbstverständlich eine sehr gute Zeit für die Bauern, denn die machte sehr gute Geschäfte. Wer Hunger hat, ist nun mal bereit, viel für etwas Eßbares herzugeben.
Hildegard Nilges, Hausfrau,
Jahrgang 1919

Direkt nach dem Krieg kamen viele Leute aus den Städten nach Unnau und in die Umgebung, um Bettwäsche oder ähnliches gegen etwas Mehl oder Kartoffeln zu tauschen. So mancher Bauer hat sich schamlos an ihnen bereichert und sie in ihrer Not ausgequetscht bis zum letzten. Es gab Leute, die bereits vor 1945 gute Tauschgeschäfte gemacht hatten und regelrecht traurig waren, daß der Krieg vorbei war. Ich kannte einen Mann, der als Soldat in Frankreich regelmäßig Stoffe nach Hause geschickt hatte. Während einem Heimaturlaub traf ich ihn, und er sagte mir, er sei froh wieder nach Frankreich zu kommen. Ich konnte kaum glauben, daß es so etwas auch gab, aber anscheinend lebte er dort besser als zu Hause. Nach dem Krieg konnte er seine Restbestände dann wieder tauschen.
Albrecht Schütz, Landwirt,
Jahrgang 1914

Ferdinand Schmidt als Kind vor dem Postauto seines Vaters, mit dem er später zu seiner Hochzeit Alkohol an den französischen Kontrollen vorbei schmuggelte.

Unmittelbar nach dem Krieg war die Versorgungslage bei uns auf dem Land natürlich viel besser als in den Städten. Darum kamen viele Städter zu uns aufs Land, um zu tauschen. Eine Familie aus Frankfurt, die scheinbar nichts mehr zum Tauschen hatte, bot uns an, gegen Bezahlung in Naturalien bei der Ernte zu helfen. Das war für beide Seiten von Vorteil. Wir kamen schneller voran, und die Frankfurter packten sich abends, bevor sie mit dem Zug wieder zurückfuhren, Rucksäcke und Taschen voll, damit sie genug zu essen hatten. Sie waren davon so begeistert, daß sie gleich mehrmals wiederkamen.
*Richard Holzbach, Landwirt,
Jahrgang 1919*

Ich habe 1947 geheiratet, und da es damals fast nichts gab, mußten wir zusehen, wie wir etwas zu trinken herbeischaffen konnten. Deshalb habe ich mit einem guten Freund an der Nahe Wein geholt. Das war in der französischen Zone, und da wurde man ja stets kontrolliert. Wir wußten von den französischen Soldaten, daß man Wein sofort abgenommen bekam, wenn man ihn erst einmal hervorgeholt hatte. Mein Vater hatte aber als Postbeamter ein Auto, in das wir den Wein einluden und nach Montabaur schmuggelten. Damit war die Hochzeit, was den Alkohol anbetraf, gerettet.
*Ferdinand Schmidt, Arzt,
Jahrgang 1921*

Nach dem Krieg konnte man Lebensmittel nur mehr auf Karte beziehen. Die Rationen waren insbesondere für Leute ohne Kinder äußerst gering. Ich glaube, daß es pro Woche nicht einmal 100 Gramm Butter gab. Das hat die Städter

ganz besonders schwer getroffen, während man sich auf dem Land natürlich über die Landwirtschaft noch recht gut helfen konnte und zumindest nicht verhungern mußte. Die Städter kamen deshalb zum Hamstern in die Dörfer. Wir hatten selbst nicht genug, um viel tauschen zu können, aber die größeren Bauern haben natürlich oft mit ihnen gehandelt.
Frieda Schneider, Hausfrau, Jahrgang 1919

In der schlechten Zeit sammelten wir Bucheckern, um dafür Öl zu erhalten. Außerdem handelten wir an der holländischen Grenze mit Keramik, die wir gegen Eier oder Sirup eintauschten. Zum Handeln benötigte man schon etwas Geschick. Ich habe meistens meine Frau reden lassen, denn die konnte das besser. Ich kann mich an eine Frau erinnern, die unbedingt einen Nachttopf haben wollte. Den hätten wir mit Sicherheit besorgen können, aber wir haben sie leider nicht mehr gesehen.
Ludwig Hammer, Drechsler, Jahrgang 1906

Wer nach dem Krieg nichts zu tauschen hatte, war arm dran. Besonders zur Ernte war der Andrang groß. Dann kamen die Leute mit Töpfen oder Keramik, um sie gegen Lebensmittel einzutauschen. Das betraf nicht nur die Stadtbevölkerung, sondern auch zum Beispiel die Oberwesterwälder. Die hatten nämlich kein Obst, nur Holzäpfel. Heute bleiben Äpfel einfach liegen, die vom Baum auf den Boden fallen. Damals haben wir sie jeden Morgen aufgerafft und entweder zu Dörrobst verarbeitet oder getauscht. Zuckerrüben wurden als Zuckerersatz gezogen. Beendet wurde der Tauschhandel erst nach der Währungsreform.

Trotz knapper Versorgungslage ließ man sich in Herschbach am zünftigen Feiern der Kirmes nicht hindern.

Von den 40 Mark Kopfgeld hatten wir jedoch nicht sonderlich viel, da mir zu der Zeit der Waschkessel kaputtgegangen ist und somit alles für die Anschaffung eines neuen gebraucht wurde.
Maria Assmann, Hausfrau, Jahrgang 1916

Heimkehrer und Neuankömmlinge

Als es mich nach der kurzen Gefangenschaft als Dorflehrer nach Norken verschlagen hatte, bot sich mir ein sehr ärmliches Bild. Einige wenige Familien waren zwar ganz gut über den Krieg gekommen. Der größte Teil der Bevölkerung, war jedoch arm dran. Viele Jungs und Mädchen kamen zum Beispiel noch mit Holzschuhen in die Schule. In die Schuhe waren Nägel mit großen Köpfen hineingeschlagen, die den Fußboden der Schule ruinierten. Deshalb drängte ich darauf, die Schule zu renovieren. Die Gemeinde war aber selbst sehr arm, da sie keinerlei Steuern erhob und einzig auf die Einnahmen aus der Forstwirtschaft angewiesen war. Der Hauptbefürworter der Steuerfreiheit war der örtliche Fabrikbesitzer, der auch im Gemeinderat vertreten war und zusätzlich auch immer dafür sorgte, daß mindestens einer seiner Arbeiter dazukam. Er war Wortführer, und seine Arbeiter stimmten selbstverständlich immer für ihn, weil sie sich aus Angst, ihre Arbeit zu verlieren, nicht trauten, gegen ihn zu stimmen. Denn schließlich sollten ihre Kinder eventuell auch noch dort arbeiten. Eine andere Arbeitsmöglichkeit gab es ja in Norken nicht.
Oswald Schafrick, Lehrer, Jahrgang 1910

Mein Mann war noch 1945 von den Russen nach Sibirien transportiert worden und kam dann erst nach vierjähriger Gefangenschaft wieder nach Hause zurück. Er war allerdings hartgesotten und hatte die Hoffnung nie aufgegeben. Er wurde dann krankheitsbedingt entlassen, und in entsprechendem Zustand kam er schließlich auch 1949 im Westerwald an. Ich hatte von seiner Rückkehr nichts erfahren, bis ich eine Nachricht von der Poststelle in Nistertal erhielt. Er hatte mir eine Karte geschickt – das erste Lebenszeichen seit langer Zeit. Schließlich hatten wir uns ja nicht beliebig oft schreiben können. Bei seiner Ankunft gab ihm der örtliche Gesangverein ein Ständchen. Nachdem wir ihn etwas aufgepäppelt hatten, erholte er sich zum Glück relativ schnell wieder.
Hildegard Nilges, Hausfrau, Jahrgang 1919

Als Vertriebene aus Ostpreußen war ich mit meinen beiden Kindern in Dänemark in Flüchtlingslagern hinter Stacheldraht interniert gewesen. Zuletzt waren wir in einem alten Pferdestall untergebracht. Unser Nachbar hat uns eine Kiste vermacht, in die wir all unseren Mist hineingesteckt haben. Im Laufe der Zeit leerte sich das Lager zum Glück wieder, nachdem viele Insassen weiter nach Deutschland zu ihren Verwandten transportiert worden waren. Im November 1948 kam ich schließlich auch mit den beiden Kindern in ein Zwischenlager nach Niederbreisig am Rhein. Wir wurden dann auf mehrere Ortschaften verteilt. Meine neue Heimat wurde Meudt. Bei der Ankunft wurden wir neben dem Rathaus ausgeladen und einer Familie in der Nähe des Bahnhofs zugeteilt. Dort waren wir anfangs

natürlich nicht sonderlich willkommen, denn sie mußten uns, wie ich später erfuhr, neben einem Wohnraum auch noch ihre Küche abtreten. Das habe ich dann aber nicht mitgemacht, weil der Besitzer ein Bauer war, und deshalb brauchte er die Küche ja unbedingt. Hinter der Küche gab es noch einen Raum, in den sie ein fertig bezogenes Bett gestellt hatten, in dem wir schlafen konnten. Wir haben die erste Nacht zu dritt in dem Bett verbracht, bevor uns dann ein Kinderbett zur Verfügung gestellt wurde, das jedoch schon vollgepinkelt war. Die Familie hat aber später gut für uns gesorgt, auch wenn alle etwas eigen und sehr sparsam waren. Von ihnen bekam mein Sohn Klaus, der damals sieben Jahre alt war, sein erstes Ei zu essen. Er hatte zuvor noch nie ein Ei gesehen und steckte es sich einfach in den Mund, ohne es zu schälen.
Alma Schwensitzki, Hausfrau, Jahrgang 1914

Ich bin nach Kriegsende über Dänemark mit dem Zug wieder zurück in den Westerwald gefahren. In meinem Heimatort Herschbach saßen jedoch die Franzosen, und von denen hatte man gehört, daß sie Soldaten nicht entlassen, sondern in Gefangenschaft schicken würden. Deshalb überredeten mich Freunde, die aus Elz in Hessen stammten, mir dort die Entlassungspapiere aushändigen zu lassen. Hier befanden sich nämlich die Amerikaner, die diese Angelegenheiten immer etwas lockerer handhabten. Gott, was

Alma Schwensitzki in Ostpreußen vor ihrer Flucht.

Lebenszeichen aus Sibirien: Der Postverkehr der in der Sowjetunion gefangenen deutschen Soldaten mit ihren Angehörigen war streng reglementiert. So wie hier durfte oft der Aufenthaltsort der Kriegsgefangenen nicht genannt werden. Selbst die Anzahl der zu schreibenden Wörter war vorgegeben.

waren wir damals glücklich! Meine Eltern wußten natürlich überhaupt nicht, was mit mir geschehen war. Zum Glück traf ich jedoch in Elz einen Bekannten, dem ich auftrug, meinen Eltern von meinem Aufenthaltsort zu berichten. Am nächsten Tag um sechs Uhr ist mein Vater dann schon mit dem Fahrrad losgefahren, um mich abzuholen. Das war eine Freude, zumal ich erfuhr, daß auch mein Bruder zwei Tage zuvor heil aus dem Krieg heimgekehrt war.
Richard Holzbach, Landwirt, Jahrgang 1919

Bei Kriegsbeginn hatte mein Chef dafür gesorgt, daß ich in seiner Firma als unentbehrlich eingestuft wurde. Im Sommer 1944 mußte ich dann allerdings doch noch an die Front.

Ich verbrachte glücklicherweise nur neun Monate im Krieg und kam nach nur dreiwöchiger Gefangenschaft in Bayern wieder frei. Gleich nach meiner Entlassung traf ich einen Bekannten aus Ransbach und fuhr mit ihm im Auto direkt nach Hause. Viel zum Feiern gab es dort nicht, denn wir hatten ja nichts. Ich habe damals zu meiner Frau gesagt, daß ich gerne mal wieder gebratene Kartoffeln essen würde. Das war eigentlich schon alles.
Ludwig Hammer, Drechsler, Jahrgang 1906

Als wir schon etwas länger in Meudt wohnten, wurden Frauen gesucht, um im Wald Bäumchen zu pflanzen. Der Bürgermeister fragte mich, und ich war froh, etwas Geld verdienen zu können. Irgend jemand hat mir dann gesagt, wir

Vertriebenen würden ihnen die Arbeit wegnehmen. Arbeiteten wir nichts, hieß es, wir seien faul und bekämen Geld, ohne zu schaffen. Wie man es machte, war es verkehrt. Aber dabei handelte es sich eigentlich um Einzelfälle. Sonst bin ich nämlich ganz gut mit der Dorfbevölkerung ausgekommen, insbesondere was unsere Familie betrifft. Bei den Kindern gab es da sowieso keine Probleme, und ich habe mich halt einfach angepaßt.
Alma Schwensitzki, Hausfrau, Jahrgang 1914

Nachdem ich nach Kriegsende bereits von den Briten meine Entlassungspapiere erhalten hatte, verbrachte ich schließlich doch noch drei Jahre in Gefangenschaft, weil ich nicht wußte, daß die Franzosen die zurückkehrenden deutschen Soldaten an der Zonengrenze direkt inhaftierten. Somit kam ich erst kurz vor der Währungsreform 1948 in den Westerwald zurück. An die Zeit kann ich mich noch gut erinnern. Ich war in Mainz-Bretzenheim entlassen worden und von dort mit der Bahn in Richtung Heimat aufgebrochen. Dann in Wilsenroth war jedoch Endstation, so daß ich den Rest des Weges zu Fuß zurücklegen mußte. Also begab ich mich mit meinem Köhlersack und den Pantinen auf den Weg durch das zerstörte Westerburg nach Langenhahn-Hinterkirchen. Es gingen damit sechs Jahre zu Ende, in denen ich mich nicht hatte satt essen können. Trotzdem fiel die Umstellung nicht leicht. Schließlich war ich es nicht mehr gewohnt, in einem Federbett zu schlafen. Also wachte ich in der ersten Nacht schon nach einer halben Stunde wieder schweißgebadet auf. Ich kann mich noch gut daran erinnern, daß

Alma Schwensitzki nach erfolgreicher Holzsuche im Meudter Wald.

ich deshalb die folgenden Nächte auf dem Fußboden verbrachte. Außerdem konnte ich noch Jahre später aus Angst vor Ratten nicht mehr ohne eine Decke schlafen.
*August Hanz, Berufspolitiker,
Jahrgang 1925*

Nach kurzer amerikanischer Gefangenschaft in Italien bin ich schließlich über Frankfurt nach Langenhahn mit dem Zug wieder in den Westerwald zurückgekommen. Ich kann mich noch gut an die letzte Strecke von Langenhahn nach Rotenhain erinnern, als ich mich zu Fuß Schritt für Schritt abquälte. Ich war körperlich doch ziemlich mitgenommen gewesen. Als ich zu Hause ankam, war natürlich die Freude groß. Heute würde man ein solches Wiedersehen wahrscheinlich kräftig begießen. Wir hatten jedoch nichts, womit wir hätten feiern können. Aber aus dem Krieg war man hinlänglich an Entbehrungen gewöhnt.
*Viktor Aust, Sägewerksarbeiter,
Jahrgang 1915*

Neben unserem Haus stand ein Apfelbaum, auf den die Kinder auf dem Weg zur Schule oft hinaufkletterten, um sich Äpfel zu klauen. Einmal hat mein Sohn sie mal darauf aufmerksam gemacht, dies zu unterlassen, da es sich ja um unseren Baum handelte. Eine Frau aus Frankfurt, die im Nachbarhaus wohnte, hörte meinen Sohn und rief: »Jetzt kommen die Polacken und fressen uns alles weg!« Als Klaus mir davon erzählte, bin ich

Nach seiner Rückkehr aus französischer Gefangenschaft begann August Hanz' politische Karriere. Hier ist er bei einer Versammlung der Jungen Union zu sehen. Im Vordergrund: der damals noch weitgehend unbekannte Helmut Kohl.

Aufatmen nach der schrecklichen Flucht aus Ostpreußen: Alma Schwensitzkis Kinder.

sofort herausgerannt und habe mich unglaublich aufgeregt. Nicht nur, daß man alles zu Hause verloren hatte. Zu allem Überfluß hatte man dann noch mit solchen Anfeindungen zu kämpfen, die um so ärgerlicher waren, da die Frau ja selbst nicht aus dem Ort stammte.
Alma Schwensitzki, Hausfrau, Jahrgang 1914

Ende 1948 wurde ich zusammen mit zwei Freunden aus der Gefangenschaft entlassen. Einer der beiden stammte aus Oberelbert, der andere aus Nassau. Letzterer hatte zum Glück einen Bruder, der Fuhrunternehmer war und uns Westerwälder nach Hause brachte. Der Lkw, mit dem wir fuhren, hatte übrigens noch einen Holzvergaser. Ich kam nachts in Gackenbach an und klopfte an die Tür meiner Schwester. Sie stand im Nachthemd vor mir und war natürlich äußerst überrascht. Schließlich hatte sie nichts von meiner Entlassung gewußt. Danach weckte sie sofort auch meine Mutter. Das war damals schon sehr aufregend. Gefeiert haben wir zu dieser späten Stunde aber nicht mehr.
Wilhelm Weis, Versicherungskaufmann, Jahrgang 1921

Ich kann mich gut daran erinnern, wie ich am 19. Juli 1945 nach sechs Jahren als Soldat wieder in Herschbach ankam. Ich fühlte mich wie neugeboren. Zuerst aß ich mich einmal richtig satt, bevor ich schon nachmittags aufs Feld ging, um Korn zu ernten. Ich war ja nicht unterernährt, so daß ich an einem einzigen Tag 60 Ruten – eine Rute sind 25 Quadratmeter – eingebracht habe. So großen Spaß hat mir das gemacht. Wenn man die ganze Zeit

Hugo Endlein aus Meudt – hier mit seinen beiden Kindern bei seiner Ankunft in Friedland – kehrte erst 1955 als gebrochener Mann aus der russischen Gefangenschaft zurück.

in Todesangst gelebt hat, dann weiß man es zu schätzen, sich in Sicherheit zu fühlen.
Richard Holzbach, Landwirt, Jahrgang 1919

Neuanfang nach der Stunde Null

In meiner Familie hatte Politik bereits eine gewisse Tradition. Schon mein Vater hatte sich im Zentrum organisiert. Nach dem Krieg trat er schließlich der CDU bei, bevor er dann sogar zum Ortsbürgermeister gewählt wurde. Ich hatte von der Gründung einer überkonfessionellen christlichen Partei bereits in der Gefangenschaft gehört. Nach meiner Rückkehr hatte ich aber andere Sorgen, so daß Politik zunächst kein Thema für mich war. Erst als ich mich beruflich etabliert hatte, stieß ich über die katholische Arbeiterbewegung in die Politik. Damals kam der Kassierer der CDU Oberwesterwald auf mich zu und fragte mich, ob ich der Partei beitreten wolle. Tatsächlich bin ich auch kurz darauf Mitglied geworden. Die Parteistrukturen waren mit dem Häuflein von 230 oder 250 Personen noch recht unterentwickelt. Ich gründete einen Ortsverband der Jungen Union und machte mit den Anfangserfolgen erstmals auf mich aufmerksam. Meine eigentliche politische Karriere begann aber ohne mein direktes Zutun auf der Kreisversammlung 1951. Dort wurden Kandidaten für die Kreistagswahl aufgestellt, und ich wurde von einem Bekannten als Vertreter der Jugendlichen empfohlen. Mit Listenplatz 12 kam ich in den Kreistag. Später wurde ich Geschäftsführer des Regierungsbezirks Montabaur und Fraktionsvorsitzender des Kreistags. Damit war ich fast schon so etwas wie Berufspolitiker, bevor ich 1957 – übrigens vier Jahre vor Helmut Kohl – als jüngster Abgeordneter in den Landtag von Rheinland-Pfalz einzog.
August Hanz, Berufspolitiker, Jahrgang 1925

Über die gesamte Kriegszeit war unser Sold immer nur zu einem Teil ausgezahlt worden. Der andere wurde auf ein Konto bei der Bank gebucht. Da waren ein paar Tausender zusammengekommen. Mit der Währungsreform war auf eimal alles futsch. Wer sein Geld hingegen verjubelt hatte, hatte zumindest noch etwas davon gehabt. Aber machen konnte man ja sowieso nichts dagegen. Wir waren schließlich

während des ganzen Krieges an der Nase herumgeführt worden, daß wir schon fast daran gewöhnt waren. Mit der Reform waren die Läden auf einen Schlag zwar wieder voll, aber wir hatten kein Geld mehr.
Viktor Aust, Sägewerksarbeiter, Jahrgang 1915

Nach dem Krieg trat jemand auf mich zu und bot mir an, als Versicherungsvertreter zu arbeiten. Man sagte mir, ich könne dabei leicht 200 bis 300 Mark im Monat verdienen. Ich war natürlich begeistert, dachte mir aber, daß da was nicht stimmen kann. Trotzdem nahm ich das Angebot an und besuchte nun in erster Linie Schulmeister und Kriegerwitwen, denn die hatten das meiste Geld. Ich schloß in diesen Jahren meist Krankenversicherungen und Versicherungen für die Kinder ab. Zu der Zeit waren wir die Billigsten, und viele besaßen noch keine Versicherung, so daß man gute Geschäfte machen konnte.
Wilhelm Weis, Versicherungsvertreter, Jahrgang 1921

Bei der Einreise nach Deutschland hatte ich zwecks Rückerstattung anzugeben, wieviel Bargeld uns die Engländer in Dänemark abgenommen hatten. Es handelte sich um 1.000 Mark. Die Sparbücher hatte ich zum Glück noch retten können. Uns ist das Geld nachher zwar angerechnet worden, aber im Zuge der Währungsreform erhielt ich hier im Westerwald nur noch ganze 60 Mark zurück. Das waren nur 6 Prozent des ursprünglichen Betrages, während alle anderen 10 Prozent ausgezahlt beka-

August Hanz (dritter von rechts) bei einer Versammlung der Jungen Union in Langenhahn, um 1950.

Ferdinand Schmidt und seine Familie als stolze Besitzer ihres ersten Autos.

men. Darüber hinaus erhielten wir damals auch nicht 40 Mark pro Kopf als Starthilfe, sondern nur 30 Mark. Das war ziemlich ungerecht. Eine Begründung für die ungleiche Behandlung wurde uns nicht genannt. Auch von der Gerstengrütze, die uns in Dänemark als Lebensmittel übergeben worden war, sahen wir nichts wieder. Die war sicher unter der Hand weggegangen.
Alma Schwensitzki, Hausfrau, Jahrgang 1914

Bei meiner Rückkehr aus der Gefangenschaft 1948 war ich bereits 23 Jahre, mußte allerdings noch meine Lehre als Kaufmann beenden. Ich wollte ja einen ordentlichen Beruf lernen. Das war wirklich keine schöne Zeit, als Lehrling mußte ich ja noch die Straße kehren, während sich viele Freunde schon in Amt und Würden befanden. Zum Glück konnte ich aber nach wenigen Wochen meine Prüfung ablegen und fand auch sofort eine Arbeitsstelle im Lebensmittelgroßhandel. Dort verdiente ich zwar nicht sehr viel, hatte aber zumindest eine feste Arbeit und die Möglichkeit, mich nebenher im katholischen Bereich zu engagieren. Allgemein und ganz besonders für mich war die Zeit eine Phase, in der es stetig aufwärts ging.
August Hanz, Berufspolitiker, Jahrgang 1925

Die Verhältnisse nach dem Krieg waren zum Teil grausam. In den Krankenhäusern zum Beispiel wurden die Mullbinden mehrmals gewaschen und gestopft, da sie so knapp waren. Bei Entbindungen wurde ich von den oberwesterwälder Bauern immer mit Schnaps bezahlt. Die Situation wurde erst besser nach der Währungsreform. Da war plötzlich wieder alles zu haben. Es war wirklich so, daß die Geschäfte von heute auf morgen voll waren. Besonders die Kolonialwarengeschäfte, die vorher schon kräftig gehortet hatten, waren randvoll mit Waren.
Ferdinand Schmidt, Arzt, Jahrgang 1921

1950 erhielt ich eine Lehrerstelle im Westerwald, der zu der Zeit als »das Sibirien von Hessen-Nassau« galt. Damals war selbst die Stelle eines kleinen Dorflehrers sehr begehrt, so daß sich auch viele Ingenieure als Lehrer ausgaben, um nicht arbeitslos zu werden. Deshalb mußte ich zwei Probestunden in Mathematik und Deutsch halten, bevor ich an die Schule in Norken kam. Es handelte

sich dabei um eine zweiklassige Schule, die allerdings nur von einem Lehrer besetzt gewesen war. Jede Klasse hatte etwa 40 Schüler, wobei jeweils die vier jüngeren Jahrgänge und die vier älteren eine Klasse bildeten. Das heißt, daß man Gruppenunterricht erteilen mußte, so daß zwei Jahrgänge oft mit dem gleichen Programm in den Fächern Mathe, Deutsch, Geschichte, Geographie sowie Heimatkunde, Biologie, Physik und Chemie unterrichtet wurden.
*Oswald Schafrick, Lehrer,
Jahrgang 1910*

Die Jahre, die der Währungsreform 1948 folgten, waren für mich eine sehr gute Zeit. Neben meinem Hauptberuf bei der Versicherung baute ich insgesamt noch knapp zehn Häuser, die ich anschließend wieder verkaufte. Entsprechend konnte ich mir auch was leisten. Dem Fahrrad folgte damals eine Herkules, danach kam eine Zündapp und dann mein erstes Auto. Dabei handelte es sich um einen Lloyd, der noch zum größten Teil aus Plastik bestand, weshalb man ihn auch »Leukoplastbomber« nannte. Es war jedoch das billigste Auto, das es zu der Zeit gab. Erst später kaufte ich mir einen Volkswagen.
*Wilhelm Weis, Versicherungskaufmann,
Jahrgang 1921*

Für die Mehrzahl der befragten Zeitzeugen ist der Wirtschaftsaufschwung der fünfziger Jahre untrennbar verbunden mit der Anschaffung des ersten eigenen Autos.

Kurzbiographien der Zeitzeugen

Maria Assmann lebt nach wie vor zusammen mit der Familie ihres Bruders in ihrem Elternhaus in Meudt. Sie ist eine leidenschaftliche Köchin und liebt ausgedehnte Spaziergänge in der freien Natur.

Viktor Aust hat sich seine Geselligkeit, wie soll es bei elf Geschwistern auch anders sein, bis zum heutigen Tag erhalten, auch wenn er als einziger der Großfamilie übriggeblieben ist. Nach einem anstrengenden Berufsleben in Landwirtschaft und Sägewerk genießt er zusammen mit seiner Frau den Ruhestand.

Trotz der zahlreichen Krankheiten, die ihn wie ein Fluch beinahe über sein gesamtes Leben verfolgten und daran hinderten, einen Beruf zu erlernen, ließ sich **Karl Hammer** seinen Optimismus nie rauben. Gemeinsam mit seiner 90jährigen Schwester bewohnt er weiterhin sein Elternhaus in Ransbach.

Mit sage und schreibe 93 Jahren kann **Ludwig Hammer,** der zwei Weltkriege, zwei Geldentwertungen sowie die Weltwirtschaftskrise am eigenen Leib miterlebte, auf ein bewegtes Leben zurückblicken. Doch trotz seines hohen Alters steht der gelernte Drechsler auch heute noch jeden Tag an der Werkbank.

Aus einer Hinterkirchener »Bürgermeisterdynastie« stammend, blieb **August Hanz** der politischen Tradition seiner Familie auch treu und brachte es in einer steilen Karriere bis in den Bundestag. Seit seinem Ausscheiden aus dem Parlament im Jahre 1987 reflektiert er seine Lebenserfahrungen als Autor zahlreicher Bücher.

Mit Leib und Seele Landwirt, behielt **Richard Holzbach** seinen Agrarbetrieb auch noch als Nebenerwerb bei, als dieser zunehmend unrentabel wurde. Auch heute noch verbringt der 80jährige, der mit seiner Frau in Herschbach lebt, jede freie Minute auf seinem Traktor.

Anna Mies hat nach jahrelanger Mehrfachbelastung in Erziehung, Haushalt und Landwirtschaft nun endlich die Zeit, sich ihren Hobbys zu widmen. Sie liest sehr gerne, verfolgt mit großem Interesse das Tagesgeschehen und versorgt die Verwandtschaft mit selbstgestrickten Kleidungsstücken.

Hildegard Nilges, deren Ehe kinderlos blieb, zog ihren Neffen praktisch wie ihren eigenen Sohn auf und ist mittlerweile beliebter Anlaufpunkt für dessen Kinder geworden. Darüber hinaus machte sie ihr Hobby zum Beruf und betrieb nebenbei eine Änderungsschneiderei, in der sie auch im offiziellen »Ruhestand« noch für Verwandte und gute Bekannte arbeitet.

Oswald Schafrick, den es nach dem Krieg als Dorflehrer nach Norken in den Westerwald verschlagen hatte, ist seiner neuen Heimat auch nach der Pensionierung treu geblieben. Er engagiert sich im örtlichen Tischtennis-Verein, der unter seiner Leitung zu einer Hochburg in Rheinland-Pfalz avancierte, und läßt sich regelmäßig vom Fernweh packen.

Ferdinand Schmidt konnte seine im Lazarett gemachten medizinischen Erfahrungen später in seiner Laufbahn als Arzt verwerten. Nach dem Ausscheiden aus dem Berufsleben hat er, mitunter zum Leidwesen seiner Frau, neben dem Reisen ein neues Hobby für sich entdeckt: die virtuelle Welt des Internets.

Frieda Schneider mußte sich nach dem Tod ihres Vaters alleine durchschlagen, heiratete später und hat drei Kinder. Am liebsten verbringt sie ihre Zeit im Garten, wo sie beinahe sämtliche Gemüsesorten selbst anbaut. Heute wohnt sie zusammen mit der Familie ihrer Tochter in Helferskirchen.

Albrecht Schütz übernahm die väterliche Landwirtschaft und engagierte sich über viele Jahre als Bürgermeister in der Gemeinde Unnau. Gemeinsam mit seiner Frau pflegte er zudem bis vor kurzem die alte Oberwesterwälder Tradition der Schnapsbrennerei.

Alma Schwensitzki, die nach einer dramatischen Flucht aus Ostpreußen in den Westerwald gelangte, hat sich trotz anfänglicher Schwierigkeiten mit ihren beiden Kindern gut in ihrer zweiten Heimat eingelebt. Das Trauma ihrer Vertreibung ist aber bei ihr lebendig geblieben – Erinnerungen, die sie für aktuelle Kriegsgreuel sensibel gemacht haben.

Von Kindesbeinen an bemüht, »möglichst viel Geld zu verdienen«, hat **Wilhelm Weis** sein Ziel mittlerweile als erfolgreicher Versicherungskaufmann erreicht. Als Börsenspekulant ist er seinem Lebensmotto auch im Ruhestand treu geblieben.

Agnes Wirth hat vom Vater das Talent zur Schneiderei geerbt und widmete ihrem Hobby neben ihrer Rolle als Hausfrau und Mutter jede freie Minute. Außerdem genießt sie die Pflege ihres Gartens, insbesondere die ihrer zahlreichen Blumen.

Als alleinerziehende Mutter von drei Kindern hat sich **Klara Wolf** trotz aller Widrigkeiten in ihrem Beruf als Schneiderin eine Existenz aufgebaut. Somit konnte sie es sich in den vergangenen Jahren erlauben, die Welt zu bereisen.

Literaturauswahl

ANHÄUSER, KARL E: *Hui! Wäller? – Allemol! Volkskundliches, Anekdoten und viele Ansichtskarten aus dem Westerwald vergangener Tage,* Köln 1981.

BÜCHEL, ERICH: *Die wirtschaftsgeographischen Wandlungen des Kannenbäckerlandes unter besonderer Berücksichtigung der letzten hundert Jahre,* Koblenz 1965 (Diss.).

FRISCHEN, ALFRED: *Die Wandlungen in der Wirtschafts- und Sozialstruktur des Hohen Westerwaldes um die Mitte des 20. Jahrhunderts.* In: Arbeiten zur rheinischen Landeskunde 25 (1968).

GEMMER, WILLI (HG.): *Im Land der freien Bauern. Heimatgeschichte vom Hohen Westerwald,* Salzberg/Oberwesterwald o. J.

GROSS, CLEMENS: *Damals auf den Dörfern im Westerwald und Siegerland. Die alten Geräte der Landwirtschaft und des Landhandwerks,* Schwerte 1994.

HANZ, AUGUST: *In meiner Heimat. Kindheit und Jugend in einem Westerwalddorf,* Montabaur 1993[2].

JÖSCH, JOACHIM/JUNGBLUTH, ULI U.A. (HG.): *Juden im Westerwald. Leben, Leiden und Gedenken. Ein Wegweiser zur Spurensuche,* Montabaur 1998.

JUNGBLUTH, ULI: *Zur Nazifizierung der Deutschen. Machtergreifung im Westerwald,* Höhr-Grenzhausen 1993.

DERS.: *Das Kriegsjahr 1939 im Westerwald. Eine Dokumentation,* Nauort 1989.

KREISVOLKSHOCHSCHULE WESTERWALD (HG.): *Texte und Quellen zur Heimatgeschichte im Westerwaldkreis. Vom Ersten Weltkrieg bis zur Währungsreform,* Montabaur 1983.

MAYEN, KLAUS-DIETER: *So war es damals, das Leben im Rheinischen Schiefergebirge ... ein Tagewerk. Erinnerungen in Wort und Bild,* Siershahn 2000, 2 Bände.

OSSENDORF, KARLHEINZ: *Danken und Feiern. Erntedankfeste an Rhein und Sieg einst und jetzt,* Siegburg 1997.

RUNKEL, OTTO: *Volkstümliche Spiele Westerwälder Kinder.* In: Zeitschrift für rheinische und westfälische Volkskunde 1 (1930).

SCHAWACHT, JÜRGEN H.: *Aus alter Arbeitszeit. Photographien aus dem Siegerland und dem Westerwald,* Gudensberg-Gleichen 1995.

Sternberg, Leo: *Der Westerwald.* Nachdruck der 2. vermehrten Auflage von 1924. Hrsg. vom Westerwaldverein, Montabaur 1977.

THEIS, JOCHEN/DAAK, KURT VON: *Südwestdeutschland Stunde Null. Die Geschichte der französischen Besatzungszone 1945-1948,* Düsseldorf 1979.

WESTERWALDVEREIN ALTENKIRCHEN (HG.): *Das Westerwaldbuch, Bd. 1. Landeskunde, Geschichte, Kultur und Wirtschaft zwischen Rhein, Dill, Sieg und Lahn,* Altenkirchen 1972.